ue
海关出入境 检验检疫 行政处罚实务

主　编　刘阳中

副主编　毛洁琼　顾振凯

中国海关出版社有限公司

·北京·

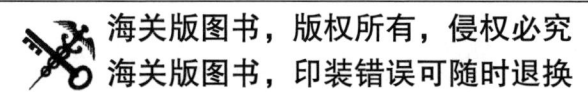

图书在版编目（CIP）数据

海关出入境检验检疫行政处罚实务 / 刘阳中主编. —北京：中国海关出版社有限公司，2024.1

ISBN 978-7-5175-0736-9

Ⅰ.①海… Ⅱ.①刘… Ⅲ.①海关法—行政处罚法—研究—中国 Ⅳ.① D922.221.4

中国国家版本馆 CIP 数据核字（2024）第 016382 号

海关出入境检验检疫行政处罚实务
HAIGUAN CHURUJING JIANYAN JIANYI XINGZHENG CHUFA SHIWU

作　　者：	刘阳中　毛洁琼　顾振凯		
责任编辑：	邹　蒙　周　爽		
出版发行：	中国海关出版社有限公司		
社　　址：	北京市朝阳区东四环南路甲 1 号	邮政编码：	100023
编 辑 部：	01065194242-7530/7537（电话）		
发 行 部：	01065194221/4238/4246/4247（电话）	01065194233（传真）	
社办书店：	01065195616/5127（电话）	01065194262/63（邮购电话）	
	https：//weidian.com/？userid=319526934（网址）		
印　　刷：	中煤（北京）印务有限公司	经　　销：	新华书店
开　　本：	787mm×1092mm　1/16		
印　　张：	9	字　　数：	225 千字
版　　次：	2024 年 1 月第 1 版		
印　　次：	2024 年 1 月第 1 次印刷		
书　　号：	ISBN 978-7-5175-0736-9		
定　　价：	68.00 元		

海关版图书，版权所有，侵权必究
海关版图书，印装错误可随时退换

《海关出入境检验检疫行政处罚实务》编委会

主　编：刘阳中
副主编：毛洁琼　顾振凯
编　委：麻　俊　张凌希　崔　晨　邱红梅
　　　　夏　熵　陈晶金　方　草　徐晓梅

前言

依法行政是海关工作的基本准则和生命线。《"十四五"海关法治建设规划》指出，要坚持"法定职责必须为、法无授权不可为"，厘清海关职责边界，严格规范公正文明执法，全面提升海关行政执法能力和水平。其中，行政处罚是保障行政机关管理职权有效行使的重要手段，是行政执法的重要体现。

近年来，随着关检深入融合，海关除承担原有的监管、征税、缉私、统计等职能外，又承担进出口商品检验、进出境动植物检疫、国境卫生检疫、进出口食品安全监管等出入境检验检疫职能。对违法行为依法实施处罚，是海关依法履职的一种重要方式。海关在履行出入境检验检疫职能过程中，依法对违反检验检疫业务有关的法律法规的违法行为实施处罚，成为海关三大行政处罚类型之一，在维护国门安全、维持良好的对外贸易秩序等方面发挥着重要作用。

为总结行政处罚办案经验、研究规律、增强海关行政处罚的合理性与合法性，做到严格规范文明执法，宁波海关一批多年从事检验检疫行政处罚工作的执法人员、公职律师和业务专家组成编委会，编写了《海关出入境检验检疫行政处罚实务》。本书立足海关出入境检验检疫行政处罚工作实际，对2021年修订的《中华人民共和国行政处罚法》(以下简称《行政处罚法》)和《中华人民共和国海关办理行政处罚案件程序规定》(以下简称《海关办理行政处罚案件程序规定》)的主要内容进行了解读；收集、汇总了大量行政执法典型案例，对检验检疫行政处罚工作进行了深入思考和剖析。同时，本书从法律法规角度全面、系统地梳理了检验检疫行政处罚的执法依据和海关执法相关法律法规依据，便于广大海关一线执法人员快速掌握检验检疫行政处罚的要求和厘清海关职责边界，增强行政处罚法律适用的准确性，提高工作效率。本书具有较强的针对性、实用性和参考性，可供海关系统行政执法人员学习、借鉴和参考。

编委会

2024年1月

目录

▲ **第一章　海关检验检疫行政处罚概述** ·· 1
第一节　检验检疫行政处罚的概念、特征 ·· 3
第二节　检验检疫行政处罚的种类 ··· 3
第三节　检验检疫行政处罚的管辖 ··· 6
第四节　检验检疫行政处罚的时限 ··· 9
第五节　检验检疫行政处罚的证据 ·· 16
第六节　检验检疫行政处罚的程序 ·· 25

▲ **第二章　海关检验检疫行政处罚典型案例** ·· 35
第一节　进境流向货物逃检案 ··· 37
第二节　擅自销售未经检验的进口燕窝案 ·· 39
第三节　擅自使用进口法检商品案 ·· 40
第四节　进口食品未经检验擅自销售案 ·· 42
第五节　进口食品擅自提离案 ··· 43
第六节　未经检验擅自出口法检商品案 ·· 45
第七节　擅自出口未报检的医用防护服案 ·· 46
第八节　出口危险化学品逃避检验案 ··· 48
第九节　出口危险化学品未报检案 ·· 50
第十节　进口旧机电产品以旧报新案 ··· 51
第十一节　出口危险货物包装未经使用鉴定案 ·· 53
第十二节　不如实申报骗取优惠原产地证书案 ·· 54
第十三节　进境木质包装擅自运递案 ··· 56
第十四节　进境木质包装未申报案 ·· 57
第十五节　空箱夹带货物逃避进境动植物检疫案 ··· 58
第十六节　出境动植物产品未申报检疫案 ·· 59
第十七节　擅自调离进境隔离检疫的罗汉松案 ·· 60

第十八节　擅自运递进境罗汉松案 …………………………………… 62
第十九节　伪造出境木质包装除害处理标识案 ………………………… 63
第二十节　伪造熏蒸/消毒证书案 ……………………………………… 64
第二十一节　入境船舶不如实申报船员健康状况案 …………………… 66
第二十二节　入境船舶未经检疫擅自上下人员案 ……………………… 67
第二十三节　进境非食用动物产品擅自变更存放企业案 ……………… 69
第二十四节　出境空港食堂违反进货查验记录制度案 ………………… 70

▲第三章　海关检验检疫行政处罚依据梳理 …………………… 73
表1　进出口商品检验监管 ……………………………………………… 75
表2　进出境动植物检疫监管 …………………………………………… 80
表3　国境卫生检疫监管 ………………………………………………… 93
表4　进出口食品安全监管 ……………………………………………… 101

▲第四章　海关执法相关法律法规依据梳理 …………………… 103
海关执法相关法规依据梳理 …………………………………………… 105

▲参考文献 ………………………………………………………… 135

第一章
海关检验检疫行政处罚概述

第一节　检验检疫行政处罚的概念、特征

一、检验检疫行政处罚的概念

检验检疫行政处罚是指海关依据出入境检验检疫法律、行政法规、规章的规定，对实施违反出入境检验检疫行政管理秩序的公民、法人或者其他组织予以惩戒的行为，是海关维护正常的出入境检验检疫秩序、保障国门安全、维护人民身体健康和贸易公平的重要措施。

二、检验检疫行政处罚的特征

1. 实施主体是海关。根据宪法和法律的规定，我国的国家机构分为权力机关、行政机关、军事机关、监察机关、审判机关、检察机关。行政处罚只能由行政机关实施，其他机关不是行政处罚的实施主体。检验检疫的行政处罚由海关实施。

2. 处罚的适用对象是违反检验检疫行政管理秩序的公民、法人或者其他组织。在行政法律关系中，与行政机关相对应的主体是行政相对人，即公民、法人或者其他组织。对行政相对人实施处罚，其条件是行政相对人有违反检验检疫行政管理秩序的行为。

3. 属于制裁性行政行为。行政许可属于赋权性行为，即行政相对人获得了原来没有的权利。而行政处罚不同于行政许可，属于制裁性行政行为，即减损权益或增加义务。

4. 属于可诉性行政行为。为了有效实施行政管理，维护公共利益和社会秩序，保护公民、法人或者其他组织的合法权益，行政机关可以采取多种行政行为，其中有的行政行为具有终局性、指导性，不能通过行政诉讼渠道解决争议，不能提起行政复议、行政诉讼。行政处罚属于可诉性行政行为，当事人对行政机关所给予的行政处罚，享有陈述、申辩的权利，对行政处罚决定不服的，有权依法申请行政复议或者提起行政诉讼。

第二节　检验检疫行政处罚的种类

一、名誉罚

名誉罚又称精神罚、声誉罚，是指行政机关向违法者发出警戒，申明其有违法行为，通过对其名誉、荣誉、信誉等施加影响，引起其精神上的警惕，使其不再违法的行政处罚，包括警告和通报批评等。

警告是检验检疫行政处罚中最轻的一种，一般适用于较为轻微、对社会危害程度不大的违法行为。如《中华人民共和国国境卫生检疫法》（以下简称《国

境卫生检疫法》）第二十条规定："对违反本法规定，有下列行为之一的单位或者个人，国境卫生检疫机关可以根据情节轻重，给予警告或者罚款：（一）逃避检疫，向国境卫生检疫机关隐瞒真实情况的；（二）入境的人员未经国境卫生检疫机关许可，擅自上下交通工具，或者装卸行李、货物、邮包等物品，不听劝阻的。罚款全部上缴国库。"

通报批评是2021年修订的《行政处罚法》新增的行政处罚种类，是指行政机关对违法行为人在一定范围内通过书面批评加以谴责和告诫，指出其违法行为，避免其再犯。

二、财产罚

财产罚是指行政机关剥夺违法者因违法行为所获经济利益及其部分财产，通过经济制裁手段实现惩戒目的的行政处罚。财产罚一般适用于以盈利为目的或者给公共利益造成损害等种类的行政违法行为。检验检疫财产罚的形式有罚款、没收违法所得、没收非法财物。

罚款是最常见、最普遍的检验检疫行政处罚种类之一。如《中华人民共和国进出口商品检验法实施条例》（以下简称《进出口商品检验法实施条例》）第五十二条规定："擅自调换、损毁出入境检验检疫机构加施的商检标志、封识的，由出入境检验检疫机构处5万元以下罚款。"罚款较之警告，适用于较重的行政违法行为，其幅度必须与违法行为的事实、性质、情节、后果相当。

没收违法所得是指行政机关依法将当事人因从事违法行为而获得的金钱收入强制无偿收归国有的一种行政处罚。根据《行政处罚法》第二十八条的规定，"违法所得是指实施违法行为所取得的款项"。如《进出口商品检验法实施条例》第五十三条规定："从事进出口商品检验鉴定业务的检验机构违反国家有关规定，扰乱检验鉴定秩序的，由出入境检验检疫机构责令改正，没收违法所得，可以并处10万元以下罚款，海关总署或者出入境检验检疫机构可以暂停其6个月以内检验鉴定业务。"

没收非法财物是行政机关依法将当事人从事违法行为过程中的违禁物品、违法财物和违法工具强制无偿收归国有的一种行政处罚。如《中华人民共和国食品安全法》（以下简称《食品安全法》）第一百二十四条规定："违反本法规定，有下列情形之一，尚不构成犯罪的，由县级以上人民政府食品安全监督管理部门没收违法所得和违法生产经营的食品、食品添加剂，并可以没收用于违法生产经营的工具、设备、原料等物品；违法生产经营的食品、食品添加剂货值金额不足一万元的，并处五万元以上十万元以下罚款；货值金额一万元以上的，并处货值金额十倍以上二十倍以下罚款；情节严重的，吊销许可证……"

三、资格罚

资格罚是指限制或剥夺当事人行政许可资格，以及行政机关认定、同意的其他非行政许可类资格的行政处罚，包括暂扣许可证件、降低资质等级、吊销许可证件等。

暂扣许可证件是行政机关依法对违反行政管理秩序的当事人实行暂时扣留许可证件以暂时剥夺当事人从事某项生产经营活动、执业权利的行政处罚。《中华人民共和国行政许可法》（以下简称《行政许可法》）第三十九条规定，行政许可证件包括：许可证、执照或者其他许可证书；资格证、资质证或者其他合格证书；行政机关的批准文件或者证明文件；法律、法规规定的其他行政许可证件。

降低资质等级是2021年修订的《行政处罚法》新增的行政处罚种类，是行政机关依法对违反行政管理秩序的当事人所取得的行政许可由较高等级降为较低等级，限制当事人生产经营活动范围的行政处罚。

吊销许可证件是行政机关依法对违反行政管理秩序的当事人取消其所取得的行政许可证件，剥夺当事人从事某项生产经营活动、执业权利的行政处罚。如《食品安全法》第一百三十三条规定："违反本法规定，拒绝、阻挠、干涉有关部门、机构及其工作人员依法开展食品安全监督检查、事故调查处理、风险监测和风险评估的，由有关主管部门按照各自职责分工责令停产停业，并处二千元以上五万元以下罚款；情节严重的，吊销许可证；构成违反治安管理行为的，由公安机关依法给予治安管理处罚。"

四、行为罚

行为罚又称义务罚，是指要求当事人不得作出某种行为或者要求当事人作出某种行为的行政处罚，包括限制开展生产经营活动、责令停产停业、责令关闭、限制从业等。

限制开展生产经营活动是2021年修订的《行政处罚法》新增的内容，是指行政机关依法对违反行政管理秩序的当事人限制其从事新的生产经营活动或者扩大生产经营活动范围的行政处罚，包括责令停止接受新业务，在吊销许可证件、注销登记、解除协议或者撤销特许经营权后，在一定期限内禁止开展相关生产经营活动。

责令停产停业是行政机关依法对违反行政管理秩序的当事人限制其在一定期限内停止全部或者部分生产经营活动的行政处罚。实践中，责令停产停业包括责令停业整顿、责令停止生产、责令停止经营、责令停止活动、责令限制生产、责令暂停相关业务等。如《中华人民共和国进出口商品检验法》（以下简称《进出口商品检验法》）第三十三条规定："进口或者出口属于掺杂掺假、以假充真、以次充好的商品或者以不合格进出口商品冒充合格进出口商品的，由商检机构责令停止进口或者出口，没收违法所得，并处货值金额百分之五十以上三倍以下的罚款；构成犯罪的，依法追究刑事责任。"

责令关闭是指行政机关依法对违反行政管理秩序的当事人停止全部生产经

营活动的行政处罚。责令关闭是一类较为严厉的行政处罚种类，在实践中应当针对严重违法行为依法慎重作出。

限制从业是指行政机关依法对违反行政管理秩序的公民限制其从事一定职业的行政处罚。如《食品安全法》第一百三十五条第一款规定："被吊销许可证的食品生产经营者及其法定代表人、直接负责的主管人员和其他直接责任人员自处罚决定作出之日起五年内不得申请食品生产经营许可，或者从事食品生产经营管理工作、担任食品生产经营企业食品安全管理人员。"

第三节　检验检疫行政处罚的管辖

管辖权的确定是正确实施检验检疫行政处罚的前提和基础，是体现行政行为合法性的一个重要方面。明确行政处罚案件的管辖权，有利于防止管辖冲突和该为不为，确保违法行为得到及时有效的处理。

一、地域管辖

地域管辖是指根据行政机关的管理区域确定其实施行政处罚的地域范围，是确定行政处罚管辖权分配的基础。《行政处罚法》第二十二条对行政处罚中的地域管辖作出规定："行政处罚由违法行为发生地的行政机关管辖。法律、行政法规、部门规章另有规定的，从其规定。"该条确定了以"违法行为发生地"作为行政处罚地域管辖的一般原则，同时将地域管辖的设定权由法律、行政法规扩大至部门规章，授权法律、行政法规、部门规章可以针对专门问题作出特殊的行政处罚地域管辖规定。

据此，基于《行政处罚法》的授权，《海关办理行政处罚案件程序规定》新增了关于案件管辖的内容，即海关行政处罚案件既可以由发现违法行为的海关管辖，也可以由违法行为发生地海关管辖，且以发现违法行为的海关管辖为主，以违法行为发生地的海关管辖为辅，沿用了《中华人民共和国海关行政处罚实施条例》（以下简称《海关行政处罚实施条例》）所确定的管辖原则。

1. 发现违法行为地管辖

发现违法行为地管辖在海关行政处罚案件管辖中具有优先适用性，是具有海关特点且符合海关执法实践的一种地域管辖原则。

一方面，鉴于海关实行垂直领导的管理体制，根据《中华人民共和国海关法》（以下简称《海关法》）的规定依法独立行使职权，不受行政区划的限制，适用"谁发现，谁查处"的管辖原则，有利于发现地海关及时对案件实施调查、审理、罚没收入上缴等，避免发生发现违法行为后无法处罚的情形。如常见的海关监管货物擅自处置类的违规案件，在海关监管年限内的减免税货物，未经主管海关同意擅自将减免税货物移出主管海关管辖地移作他用，转入地海关发现的,由转入地即发现地海关管辖。

另一方面,由于海关业务的特殊性,发现地管辖使地域管辖的设定更加多元,符合《行政处罚法》"保障和监督行政机关有效实施行政管理,维护公共利益和社会秩序,保护公民、法人或者其他组织的合法权益"的立法目的。特别是随着通关一体化改革的实施,企业可以选择任意一个海关完成申报、缴税等海关手续,取消了申报地点的关区限制。跨区域申报成为常态,如口岸海关在实施查验时发现企业在申报环节存在不如实申报等违规情形,发现地海关即查验地海关可以行使行政处罚案件管辖权。这样不仅可以节省执法成本、提升行政执法的效率,而且为当事人提供了便利。

2. 违法行为发生地管辖

违法行为发生地管辖是《行政处罚法》确定的地域管辖的一般原则。该原则的确定,一方面是基于实施违法行为是行为人构成行政违法的一个重要要件,违法行为发生地管辖便于行政机关查明违法事实;另一方面,兼顾行政处罚管辖效率,避免多头执法、相互推诿。但对于如何理解和确定违法行为发生地,《行政处罚法》并未作出明确的立法解释。

统观我国刑事和民事领域立法,《中华人民共和国刑法》(以下简称《刑法》)第六条第三款体现了地域管辖的灵活性,"犯罪的行为或者结果有一项发生在中华人民共和国领域内的,就认为是在中华人民共和国领域内犯罪"。《中华人民共和国刑事诉讼法》(以下简称《刑事诉讼法》)采用的是以犯罪地管辖为主、被告人居住地为辅的管辖原则。《最高人民法院关于适用〈中华人民共和国刑事诉讼法〉的解释》进一步明确犯罪地包括犯罪行为地和犯罪结果地。《中华人民共和国民事诉讼法》(以下简称《民事诉讼法》)对因侵权行为提起的诉讼规定"由侵权行为地或者被告住所地人民法院管辖"。《最高人民法院关于适用〈中华人民共和国民事诉讼法〉的解释》将"侵权行为地"解释为包括侵权行为实施地和侵权结果发生地。

从各行政执法部门的部门规章来看,也普遍对"违法行为发生地"采取广义理解。如《公安机关办理行政案件程序规定》第十条规定:"违法行为地包括违法行为发生地和违法结果发生地。违法行为发生地,包括违法行为的实施地以及开始地、途经地、结束地等与违法行为有关的地点;违法行为有连续、持续或者继续状态的,违法行为连续、持续或者继续实施的地方都属于违法行为发生地。违法结果发生地,包括违法对象被侵害地、违法所得的实际取得地、藏匿地、转移地、使用地、销售地。"

参考中国人大网《"违法行为发生地"如何认定?》[①]一文,"行为人实施了行政违法行为,在其实施过程中任何一个阶段被发现,该地方都可以成为违法行为发生地"。因此,"违法行为发生地"可以理解为涵盖违法行为全过程所涉

[①] 来源:中国人大网,2002年4月18日。

及的地点，但同时应结合个案中违法行为的性质和特点，全面评估违法行为造成的危害后果，同时考虑行政执法便利、效率、为民的原则来确定管辖权。

二、管辖权的确定

1. 共同管辖的解决规则——最先立案标准

关于两个以上海关都有管辖权的行政处罚案件如何确定管辖的问题，《海关办理行政处罚案件程序规定》明确了"由最先立案的海关管辖"，改变了《海关行政处罚实施条例》中的"由最先发现违法行为的海关管辖"的规定。

《海关行政处罚实施条例》第三条第二款规定，"2个以上海关都有管辖权的案件，由最先发现违法行为的海关管辖"。但实践中对"最先发现"的理解存在争议，是以最先接到举报材料还是最先开展调查工作或者其他作为判定标准并无统一的定论，不利于案件管辖权的确定。

《行政处罚法》对此作出了规定，其中第二十五条第一款确立了"最先立案"管辖原则。立案作为行政处罚案件普通程序启动的标志，以"最先立案"为判定标准较为便于操作，且已经立案的行政机关对案件情况有一定的调查基础，有利于提高执法效率、节约行政成本。根据《行政处罚法》的上述规定，《海关办理行政处罚案件程序规定》对此予以明确。

2. 管辖权争议的解决机制

管辖权发生争议包括争夺管辖权的积极争议和排斥管辖权的消极争议，对此《海关办理行政处罚案件程序规定》设置了先行协商或者直接指定的灵活处理方式。

报请指定管辖前的协商解决机制有利于充分发挥海关垂直管理体制的优势，依法推进行政处罚案件办理工作的主动性和积极性。凡是能够通过协商予以解决的争议，有关各方应积极推动加以解决。

对于管辖不明且协商不成的，《海关办理行政处罚案件程序规定》明确争议各方应当"报请共同的上一级海关指定管辖"；同时，考虑到进一步提高行政效率的需要，《海关办理行政处罚案件程序规定》也增加了可以不经协商"直接由共同的上一级海关指定管辖"的内容。

3. 海关总署指定管辖

根据《海关行政处罚实施条例》第三条第四款，《海关办理行政处罚案件程序规定》增加了海关总署指定管辖的内容，即"重大、复杂的案件，可以由海关总署指定管辖"。《行政处罚法》并未对"重大、复杂"进行解释，中国人大网作出的法律解答与释义中指出，"对于重大、复杂行政处罚案件的区分，应当从行政机关进行行政执法工作的实际经验出发，予以确定"。[1]如社会影响

---

[1] 来源：中国人大网，《对于重大、复杂的行政处罚案件，行政机关应当如何作出行政处罚决定？》，2002年4月18日。

重大的行政处罚案件，案件涉及多个关区等情形，在遵循有利于案件调查处理、有力打击违法行为的前提下，海关总署可以指定其中一个海关管辖；实践中也存在有管辖权的海关不宜行使管辖权的情况，此时海关总署可以指定其他海关进行管辖，从而保证调查工作的顺利进行和案件的客观公正。可见，由海关总署指定管辖的情形不限于指定有管辖权的海关。

三、移送管辖

海关案件移送主要包括两类。一类是海关发现的依法应当由其他行政机关管辖的案件。根据《行政处罚法》第十七条的规定，"行政处罚由具有行政处罚权的行政机关在法定职权范围内实施"，行政处罚的实施应当遵循职权法定原则。在案件查办中发现不属于本部门管辖的，应当及时移送其他有权部门处理。如海关根据《进出口商品检验法》《危险化学品安全管理条例》的规定，负责对进出口危险化学品及其包装实施检验，如果在查验中发现涉嫌未取得危险化学品经营许可证从事危险化学品经营的违法行为，应当移交地方应急管理部门。

另一类是海关发现的涉嫌犯罪的违法行为，应当移送司法机关追究刑事责任的案件。《行政处罚法》将案件移送的标准由"构成犯罪"改为"涉嫌犯罪"，执法实践中应当严格依照《刑法》、全国人民代表大会常务委员会对有关犯罪的补充决定以及司法解释等规定对违法行为作出判断。对于符合案件移送标准的，海关应当将案件移送有关司法机关。

此外，《行政处罚法》规定了案件的双向移送，即除了行政机关向司法机关移送外，对于"依法不需要追究刑事责任或者免予刑事处罚，但应当给予行政处罚的，司法机关应当及时将案件移交有关行政机关"，填补了"涉嫌犯罪"的案件在不构成犯罪或者免予刑事处罚的情况下可能逃避行政处罚的漏洞。同时，《行政处罚法》还增加了建立健全案件移送制度的要求，应当根据《行政执法机关移送涉嫌犯罪案件的规定》，通过完善案件移送标准和程序，加快建立健全海关与地方公安、检察机关、审判机关案件移送制度以及信息共享、案情通报等机制。

第四节 检验检疫行政处罚的时限

程序正当是行政法的基本原则，《行政处罚法》《海关办理行政处罚案件程序规定》的修订均综合考虑了处罚程序的中立性、参与性和公开性，确保行政处罚在规范化的程序中运行。按照现行规定，海关行政处罚案件可以分为三类程序，分别为简易程序、快速办理程序和普通程序。

本部分内容通过梳理《行政处罚法》《海关行政处罚实施条例》《海关办理行政处罚案件程序规定》《国境卫生检疫法》《中华人民共和国进出境动植物检

疫法》（以下简称《进出境动植物检疫法》）等法律法规，以适用普通程序处罚案件为核心，围绕案件办理的不同环节，将行政处罚办案期限进行了详细归纳，既有利于保障当事人权利，也有助于规范执法、防范复议诉讼风险。

一、立案环节

行政处罚时效：违法行为在二年内未被发现的，不再给予行政处罚；涉及公民生命健康安全、金融安全且有危害后果的，上述期限延长至五年。上述规定的期限，从违法行为发生之日起计算；违法行为有连续或者继续状态的，从行为终了之日起计算。

二、调查环节

1. 扣留货物、物品、运输工具以及账册、单据等资料：不得超过一年。因案件调查需要，经直属海关关长或者其授权的隶属海关关长批准可以延长，延长期限不得超过一年。但复议、诉讼期间不计算在内。

2. 证据可能灭失或者以后难以取得：经行政机关负责人批准，可以先行登记保存，并应当在七日内及时作出处理决定。

3. 先行变卖：应当在先行变卖前通知先行变卖的货物、物品、运输工具的所有人。变卖前无法及时通知的，应当在货物、物品、运输工具变卖后，通知其所有人。

4. 回避：当事人及其代理人要求执法人员回避的，应当提出申请，并且说明理由。海关应当依法审查当事人的回避申请，并在三个工作日内由海关负责人作出决定，并且书面通知申请人。海关驳回回避申请的，当事人及其代理人可以在收到书面通知后的三个工作日内向作出决定的海关申请复核一次；作出决定的海关应当在三个工作日内作出复核决定并且书面通知申请人。回避的程序规定适用于行政处罚案件办理的全过程。

5. 不可抗力：当事人因不可抗拒的事由或者其他正当理由耽误期限的，在障碍消除后的十日内可以向海关申请顺延期限，是否准许由海关决定。

三、听证环节

1. 听证的申请：当事人要求听证的，应当在海关告知其听证权利之日起五个工作日内向海关提出。

2. 听证的决定：决定组织听证，应当自收到听证申请之日起二十个工作日内举行听证，并在举行听证的七个工作日前将举行听证的时间、地点通知听证参加人和其他人员。决定不予听证，应当在收到听证申请之日起三个工作日内制作海关行政处罚不予听证通知书，并及时送达申请人。

3. 听证的举行

（1）听证参与人：经听证主持人同意，当事人及其代理人、第三人及其代理人、案件调查人员可以要求证人、检测、检验、检疫、技术鉴定人参加听证，并在举行听证的一个工作日前提供相关人员的基本情况。

（2）延期、中止举行：听证中有《海关办理行政处罚案件程序规定》第九十五条、第九十六条所列的延期或者中止情形的，应当决定延期、中止举行听证。延期、中止听证的原因消除后，由听证主持人重新确定举行听证的时间，并在举行听证的三个工作日前书面告知听证参加人及其他人员。

四、决定环节

1. 办案期限：这是《海关办理行政处罚案件程序规定》2021年修订后新增的条款。明确应当自行政处罚案件立案之日起六个月内作出行政处罚决定；确有必要的，经海关负责人批准可以延长期限，延长期限不得超过六个月。案情特别复杂或者有其他特殊情况，经延长期限仍不能作出处理决定的，应当由直属海关负责人集体讨论决定是否继续延长期限，决定继续延长期限的，应当同时确定延长的合理期限。

2. 处理决定的告知：应当告知当事人拟作出的行政处罚或者不予行政处罚内容及事实、理由、依据，并且告知当事人依法享有的陈述、申辩、要求听证等权利。除因不可抗力或者海关认可的其他正当理由外，当事人应当在收到行政处罚或者不予行政处罚告知单之日起五个工作日内提出书面陈述、申辩和要求听证。逾期视为放弃陈述、申辩和要求听证的权利。

3. 行政处罚决定书的送达：应当在宣告后当场交付当事人；当事人不在场的，海关应当在七个工作日内将行政处罚决定书送达当事人。

4. 公开的行政处罚决定被依法变更、撤销、确认违法或者确认无效的：海关应当在三个工作日内撤回行政处罚决定信息并公开说明理由。

五、执行环节

1. 罚款的缴纳

（1）自行缴纳：当事人应当自收到行政处罚决定书之日起十五日内，到指定的银行或者通过电子支付系统缴纳罚款。

（2）当场收缴：当场收缴的罚款，应当自收缴罚款之日起二日内，交至行政机关；在水上当场收缴的罚款，应当自抵岸之日起二日内交至行政机关；行政机关应当在二日内将罚款缴付指定的银行。

（3）延期、分期缴纳：海关收到当事人延期、分期缴纳罚款的申请后，应当在十个工作日内作出是否准予延期、分期缴纳罚款的决定，并且制发通知书送达申请人。海关同意当事人暂缓或者分期缴纳的，应当及时通知收缴罚款的机构。

2. 解除扣留

将当事人被扣留的货物、物品、运输工具依法变价抵缴罚款之后仍然有剩余的，应当及时发还或者解除扣留。自海关送达解除扣留通知书之日起三个月内，当事人无正当理由未到海关办理有关货物、物品、运输工具或者其他财产的退还手续的，海关应当发布公告。自公告发布之日起三十日内，当事人仍未办理退还手续的，海关可以依法将有关货物、物品、运输工具或者其他财产提取变卖，并且保留变卖价款。变卖价款在扣除自海关送达解除扣留通知书之日起算的仓储等相关费用后，尚有余款的，自海关公告发布之日起一年内，当事人仍未办理退还手续的，海关应当将余款上缴国库。未予变卖的货物、物品、运输工具或者其他财产，自海关公告发布之日起一年内，当事人仍未办理退还手续的，由海关依法处置。

3. 解除担保

将当事人的保证金抵缴之后仍然有剩余的，应当及时解除担保。海关送达解除担保通知书之日起三个月内，当事人无正当理由未办理财产、权利退还手续的，海关应当发布公告。自海关公告发布之日起一年内，当事人仍未办理退还手续的，海关应当将担保财产、权利依法变卖或者兑付后上缴国库。

4. 收缴

走私违法事实基本清楚，但是当事人无法查清的案件，海关在制发收缴清单之前，应当制发收缴公告，公告期限为三个月，并且限令有关当事人在公告期限内到指定海关办理相关海关手续。公告期满后仍然没有当事人到海关办理相关海关手续的，海关可以依法予以收缴。

5. 中止执行

执行中有《海关办理行政处罚案件程序规定》第一百一十七条所列情形的，应当中止执行。中止执行的情形消失后，海关应当恢复执行。对没有明显社会危害，当事人确无能力履行，中止执行满三年未恢复执行的，海关不再执行。

6. 申请人民法院强制执行

海关申请人民法院强制执行，应当自当事人的法定起诉期限届满之日起三个月内提出。

六、当事人的救济权利

一般来说，对于海关行政处罚决定不服的，当事人应当自知道或应当知道之日起六十日内提出行政复议申请，自知道或者应当知道之日起六个月内提出行政诉讼。

但是《进出境动植物检疫法》第四十四条规定："当事人对动植物检疫机关的处罚决定不服的，可以在接到处罚通知之日起十五日内向作出处罚决定的机关的上一级机关申请复议；当事人也可以在接到处罚通知之日起十五日内直接向人民法院起诉。"《国境卫生检疫法》第二十一条规定："当事人对国境卫生检疫机关给予的罚款决定不服的，可以在接到通知之日起十五日内，向当地人民法院起诉。逾期不起诉又不履行的，国境卫生检疫机关可以申请人民法院强制执行。"对于以上两类处罚决定的复议诉讼期限是十五日还是六十日，在司法实务中存在一定争议，建议当事人如果不服相关处罚决定，应尽早提出权利救济要求。

七、简易程序和快速办理程序

为进一步提高行政处罚效率，海关行政处罚还设有简易程序和快速办理程序。对于符合简易程序的案件，执法人员可以当场作出行政处罚，并报所属海关备案。对于符合快速办理程序的案件，海关可以通过简化取证、审核、审批等环节快速办理，并应当在立案之日起七个工作日内制发行政处罚决定书或者不予行政处罚决定书。

海关行政处罚办案期限如表1-1所示。

表1-1 海关行政处罚办案期限一览表

环节	项目	适用范围	期限	法律依据
立案	行政处罚时效	违法行为未被发现的	二年内	《行政处罚法》第三十六条、《海关办理行政处罚案件程序规定》第六十条
		涉及公民生命健康安全、金融安全且有危害后果的	五年内	《行政处罚法》第三十六条、《海关办理行政处罚案件程序规定》第六十条
调查	扣留资料	扣留货物、物品、运输工具以及账册、单据等资料	不得超过一年	《海关行政处罚实施条例》第四十条
		因案件调查需要，经直属海关关长或者其授权的隶属海关关长批准	延长期限不得超过一年	
	证据收集	证据可能灭失或者以后难以取得，经行政机关负责人批准，可以先行登记保存	七日内及时作出处理决定	《行政处罚法》第五十六条
	回避	审查回避申请，并由海关负责人作出决定	三个工作日内	《海关办理行政处罚案件程序规定》第十四条
		当事人针对驳回回避申请决定申请复核	三个工作日内	
		复核回避申请	三个工作日内	
	不可抗力	当事人因不可抗拒的事由或者其他正当理由耽误期限的，在障碍消除后可以向海关申请顺延期限	十日内	《海关办理行政处罚案件程序规定》第二十三条

表 1-1 续 1

环节	项目	适用范围	期限	法律依据
听证	听证的申请	当事人在行政机关告知后提出	五个工作日内	《行政处罚法》第六十四条、《海关办理行政处罚案件程序规定》第九十条
	听证的决定	决定组织听证的	自收到听证申请之日起二十个工作日内举行	《海关办理行政处罚案件程序规定》第九十一条
		通知当事人及有关人员听证的时间、地点	举行听证的七个工作日前	《行政处罚法》第六十四条、《海关办理行政处罚案件程序规定》第九十一条
		决定不予听证，制作海关行政处罚不予听证通知书	收到听证申请之日起三个工作日内	《海关办理行政处罚案件程序规定》第九十二条
	听证的举行	经听证主持人同意，当事人等可以要求相关人员参加听证，并提供基本情况	举行听证的一个工作日前	《海关办理行政处罚案件程序规定》第八十九条
		延期、中止举行的，应当在重新举行听证前书面告知	举行听证的三个工作日前	《海关办理行政处罚案件程序规定》第九十五条、《海关办理行政处罚案件程序规定》第九十六条
决定	办案期限	自行政处罚案件立案之日起	六个月内	《海关办理行政处罚案件程序规定》第七十六条
		确有必要的，经海关负责人批准	延长期限不得超过六个月	
		案情特别复杂或者有其他特殊情况，经延长期限仍不能作出处理决定的，应当由直属海关负责人集体讨论决定	合理期限	
	决定前告知	当事人在收到行政处罚或者不予行政处罚告知单后可提出书面陈述、申辩和要求听证	五个工作日内	《海关办理行政处罚案件程序规定》第六十七条
	决定的送达	行政处罚决定书的送达	七个工作日内	《行政处罚法》第六十一条、《海关办理行政处罚案件程序规定》第七十七条
	撤回决定信息	公开的行政处罚决定被依法变更、撤销、确认违法或者确认无效的，应当撤回行政处罚决定信息并公开说明理由	三个工作日内	《海关办理行政处罚案件程序规定》第七十八条

表1-1 续2

环节	项目	适用范围	期限	法律依据
执行	罚款的缴纳	自行缴纳	自收到行政处罚决定书之日起十五日内	《行政处罚法》第六十七条、《海关办理行政处罚案件程序规定》第一百零七条
		当场收缴的，执法人员应上交行政机关；行政机关应将罚款缴付指定的银行	二日内	《行政处罚法》第七十一条
		当事人申请延期、分期缴纳的，应作出是否准予的决定	十个工作日内	《海关办理行政处罚案件程序规定》第一百零八条
	解除扣留	当事人无正当理由未到海关办理退还手续的，海关应当发布公告	送达解除扣留通知书之日起三个月内	《海关办理行政处罚案件程序规定》第一百一十三条
		当事人仍未办理退还手续的，海关可以依法提取变卖	公告发布之日起三十日内	
		当事人仍未办理退还手续的，海关应当将变卖价款余款上缴国库	公告发布之日起一年内	
		未予变卖的财产，当事人仍未办理退还手续的，由海关依法处置	公告发布之日起一年内	
	解除担保	当事人无正当理由未办理退还手续的，海关应当发布公告	送达解除担保通知书之日起三个月内	《海关办理行政处罚案件程序规定》第一百一十四条
		当事人仍未办理退还手续的，海关应当将担保财产、权利依法变卖或者兑付后，上缴国库。	公告发布之日起一年内	
	收缴	在制发收缴清单之前，应当制发收缴公告	公告期限三个月	《海关行政处罚实施条例》第六十二条、《海关办理行政处罚案件程序规定》第七十九条
	中止执行	对没有明显社会危害，当事人确无能力履行，海关不再执行	中止执行满三年未恢复执行	《海关办理行政处罚案件程序规定》第一百一十七条
	申请人民法院强制执行	当事人的法定起诉期限届满后可提出申请	三个月内	《海关办理行政处罚案件程序规定》第一百一十九条

15

表1-1 续3

环节	项目	适用范围	期限	法律依据
当事人的救济权利	行政复议	自知道或者应当知道之日起提出	六十日内	《中华人民共和国行政复议法》(2023年修订)第二十条
	行政诉讼	自知道或者应当知道之日起提出	六个月内	《中华人民共和国行政诉讼法》第四十六条
其他程序	简易程序	符合简易程序办理的案件	当场作出行政处罚	《行政处罚法》第五十一条、《海关办理行政处罚案件程序规定》第一百零一条
	快速办理程序	符合快速办理程序办理的案件	立案之日起七个工作日内制发行政处罚决定书或者不予行政处罚决定书	《海关办理行政处罚案件程序规定》第一百零五条

第五节 检验检疫行政处罚的证据

一、检验检疫行政处罚证据的概念和特征

证据是指用于证明案件事实的一切材料和事实。这些材料和事实要用来证明案件事实的真相。检验检疫行政处罚中的证据，同其他行政证据一样，具有如下三个特征。

1. 客观性

证据的客观性，是指作为可定案证据的事实和材料必须是客观存在的，而不是主观捏造或者想象的。同任何事物一样，案件事实作为客观存在的事物，都在一定时间、空间和条件下发生，并不是孤立存在的，其必然要和周围世界发生各种各样的联系，彼此间相互作用。各种案件事实与周围环境、物品等发生作用，必然会留下相应的痕迹和物质。这些与案件事实有关的物品、痕迹、印象等保留着案件事实的各种信息，也是客观存在的，不受人的意志的影响。人们只能发现和认识它们，加以收集、保管，并应用于各种法律程序中，借以查明案件事实。

2. 关联性

证据的关联性，是指作为可定案证据的事实和材料必须与待证的案件事实有联系，能直接或间接地起到证明案件事实的作用。证据的关联性有两点要求：一是证据事实必须与案件事实有客观联系；二是证据事实必须能用来证明案件

真实情况。它们或是案件事实形成的条件，或是案件事实发生的原因，或是案件事实所导致的结果。执法人员在行政处罚过程中所收集到的证据，除了必须内容真实，具有客观性之外，还应当与案件事实具有关联性，否则就不能成为证据。行政处罚证据的相关性，建立在客观性的基础上，同时又表现为多样性，即这种联系可以是直接的，也可以是间接的；可以是肯定案件事实的，也可以是否定案件事实的；可以同实体性问题产生联系，也可以同程序性问题产生联系；可以同案件原因相联系，也可以同案件过程或者案件结果相联系。总之，并非一切客观存在的事实材料都能成为证据，只有那些与行政处罚案件事实存在一定的内在的必然联系，能够证明某种行政处罚案件事实存在与否的客观事实，才能作为行政处罚的证据。

3. 合法性

证据的合法性，是指证据必须是依照法律要求的程序取得，并符合法律要求的形式。证据的合法性包括两个方面。一是证据符合法定形式。要求各类证据须符合法律要求的形式，否则不能作为证据。如执法人员收集到的复制品，当事人不予认可，又无其他证据印证。这种材料因为合法性的问题不能作为证据。二是证据的取得必须符合法定的程序。取证程序不合法所获得的材料不能作为证据使用。如通过利诱、欺诈、胁迫、暴力等不正当手段获取的材料和以偷拍、偷录、窃听等手段获取的侵害他人合法权益的材料等，因取证程序违法而不能作为证据使用。

二、证据的分类

证据的分类，是根据证据的具体特点，从不同角度，按照不同标准，在理论上将其划分为若干不同的类别。

1. 以证据与案件事实的关系性质为标准，可分为直接证据和间接证据。直接证据是与案件中的待证事实具有直接联系，能够单独证明案件中的某个论点的证据。间接证据是与案件中的待证事实具有间接联系，不能够单独证明案件中的某个论点，必须与其他证据结合才能证明案件事实的证据。间接证据必须达到一定的数量，并形成完整的证据链条。

2. 以证据形成的方式为标准，可分为原始证据和传来证据。原始证据是直接来源于案件事实的证据，即第一手证据。传来证据是间接来源于案件事实的证据，如复制的第二手以及二手以下的证据。

3. 以证据同主要案件事实的关系，可分为主证据和补强证据。主证据是指具有证明案件主要事实的主要证明价值的证据。补强证据是指为了增强、担保主证据的证明力而提出的证据。

4. 以证据与当事人主张事实的利害关系为标准，可分为本证和反证。本证是指能够证明当事人所主张事实成立的证据。反证是指能证明对方当事人所主张的事实不成立的证据。

三、证据的种类

证据的种类,是根据证据事实的表现形式在法律上对其进行的分类。证据的种类是法律制度确认的证据划分形式。根据《中华人民共和国行政诉讼法》(以下简称《行政诉讼法》)和海关总署的有关规定,检验检疫行政处罚案件的证据可以分为书证、物证、视听资料、电子数据、证人证言、当事人陈述、鉴定意见、勘验笔录与现场笔录八种。

1. 书证

所谓书证,是指以文字、符号、图画等所表达和记载的思想内容来证明案件事实的书面文件或其他物品。书证在检验检疫行政处罚案件中是使用最多的一种证据。如进出口货物报关单、外贸合同、发票、装箱单、厂检单等。书证具有以下几个特点。(1)书证必须是以文字、符号、图画等记载或表达人的一定思想的物品,而且书证所记载或表达的思想内容能够为人们认知和理解,并藉此发现信息。(2)该书面文件或物件所记载的内容或者表达的思想,须与案件有关,能用来证明案件事实。(3)书证不仅内容明确,而且形式相对固定,稳定性较强,一般不受时间的影响,易于长期保存。(4)书证的载体可以是任何物,如纸张、布类,不因载体不同而影响其证明力。

根据《最高人民法院关于行政诉讼证据若干问题的规定》第十条有关规定,检验检疫行政处罚过程中收集的书证应符合下列要求。(1)书证应当使用原件,原本、正本和副本均属于书证的原件,提供原件确有困难的,可以使用与原件核对无误的复印件、照片、节录本。(2)采用有关部门保管的书证原件的复制件、影印件或者抄录件的,应当注明出处,经保管部门核对无异后加盖其印章予以证明。(3)采用报表、图纸、会计账册、专业技术资料、科技文献等书证的,应当附有说明材料。(4)对违法案件有关人员的询问、陈述、谈话类笔录,应当有有关人员(包括检验检疫执法人员、被询问人、陈述人、谈话人)的签名或者盖章(或按手印)。(5)法律、行政法规、司法解释和规章对书证的制作形式另有规定的,从其规定。

2. 物证

物证,是以其存在形式、外部特征、内在属性证明案件真实情况或者其他待证事实的物品和痕迹。检验检疫行政处罚案件中经常涉及的物证包括进出口的货物、检验所抽取的样品等。物证具有以下几个特点。(1)物证通过物品和痕迹来证明待证事实。以物品的外部特征、内在属性和存在状态起证明作用,是物证与书证等的根本区别。(2)物证相对于其他证据具有较强的客观性和稳定性。物证本身是物品的客观存在,与待证事实之间存在客观的不受人的意志影响的关系。"物证不会说话",因此"物证本身不会说假话"。(3)物证的证明作用具有间接性。由于物证本身不会说话，没有言词证据和书证直观，物证与待证事实之间的联系需要人们进行综合分析，才能得出正确的结论。

根据《最高人民法院关于行政诉讼证据若干问题的规定》第十一条有关规定，检验检疫行政处罚过程中收集的物证应符合下列要求。（1）收集原物。收集原物确有困难的，可以收集与原物核对无误的复制件或者证明该物品的照片、录像等其他证据。物证以收集原物为原则，主要考虑物证的特征和证明力。但在执法实践中，收集原物受时间、空间等客观条件的限制，在收集原物有困难时，作为一种变通措施，可以收集复制件或者证明该物品的照片、录像等其他证据，但应当符合相应的要求。复制件是通过对原物进行拍照、复印、扫描等方式后形成的图文资料。照片、录像等其他证据，是指包含有原物的存在形式、外部特征或内在属性的图文资料，可能并不是专门对原物进行拍照、复印、扫描等方式而产生的，但是只要能证明原物就可以作为物证。（2）原物为数量较多的种类物的，提供其中的一部分。提供原物的要求，既包括品质也包括数量。一般来说，收集原物应当是全部，不应当有遗漏，因为数量本身也可能反映案件事实。但在执法实践中，有时原物为数量较多的种类物，如一集装箱的进口货物，此时收集全部原物不现实，因此可以收集其中一部分作为物证。

3. 视听资料

视听资料，是指采用先进科技，利用图像、音响及计算机等储存或反映的数据和资料，来证明案件真实情况的一种证据，包括录像带、录音带、电影胶卷、电话录音、计算机储存数据、资料等。视听资料是随着现代科学技术飞跃发展和广泛普及而产生的一种比较新的证据形式。视听资料有以下几个特点。（1）物质载体的特殊性。视听资料是以录音、录像带以及计算机磁盘作为其特殊的信息载体，并且要通过录音机、录像机或者计算机等高科技设备进行播放或者演示显示其内容。（2）信息内容的直观性和动态连续性。所谓直观性，是指视听资料能够给人以亲临现场的感觉，人们不仅可以感觉到证据内容本身，而且还能了解到证据形成的环境和背景。所谓动态连续性，是指人们可以通过视听资料获得对案件发生过程的整体认识。（3）具有双重性。视听资料是证据的一种形式，能够对案件事实起到直接证明作用；同时，视听资料还是证据保全和证据固定的一种措施，对特定的物证和现场进行录像或者录音能够把该物证或现场固定下来。

根据《最高人民法院关于行政诉讼证据若干问题的规定》第十二条有关规定，检验检疫行政处罚案件作为证据的视听资料应当符合下列要求。（1）提供视听资料的原始载体。提供原始载体确有困难的，可以采用复制件。原始载体是指直接来源于案件事实的视听资料。复制件，是指通过翻录、复制、拷贝等方式所得到的视听资料。（2）须注明视听资料的制作方法、制作时间、制作人和证明对象等。（3）声音资料应当有该声音内容的文字记录。

4.电子数据

电子数据，是指案件发生过程中形成的，以数字化形式存储、处理、传输的，能够证明案件事实的数据。电子数据包括但不限于下列信息、电子文件。（1）网页、博客、微博客、朋友圈、贴吧、网盘等网络平台发布的信息。（2）手机短信、电子邮件、即时通信、通讯群组等网络应用服务的通信信息。（3）用户注册信息、身份认证信息、电子交易记录、通信记录、登录日志等信息。

电子数据高度依赖科技水平和信息化技术，在证据中发挥着越来越重要的作用，有如下几个特点。（1）形式多样性。所有的电子数据都是基于计算机应用和通信等电子化技术手段形成的，可以表现为文字、图形符号、数字、图像多种媒体，还可以是交互式的、可加密编辑的。（2）具有开放性。传统的一些证据种类，必须前往一定的场所（案发现场）或者询问一定的对象（证人）才能获取。而电子数据却可以通过一定的技术手段不受时空限制地获取。（3）具有易变性与稳定性并存的特征。一方面，该类证据是以电子形式存在的，只需要敲击键盘，即可对其进行增加、删除、修改，具有易变性；另一方面，绝大多数情况下对于电子数据的增加、删除、修改都会留有一定的痕迹，而且被破坏的数据多数情况下都可以通过技术手段恢复到破坏前的状态，又体现了该类证据的稳定性。

5.证人证言

证人证言，是指了解案件有关情况的人对案件有关问题所作的陈述。证人，是指除当事人以外了解案件情况的人。证人具有如下特点。（1）证人既可以是单位，也可以是自然人，但一般是自然人。（2）证人是了解案件中某些情况的行政处罚对象以外的人，在检验检疫行政处罚中，应尽可能寻找具体业务的经办人员，如业务员等，他们对案件情况了解全面。（3）不能正确表达意志的人不能作为证人。

证人证言具有如下特点。（1）证人证言应该是对案件事实的客观陈述。证人证言只包括证人对自己耳闻目睹的案件情况进行陈述，不包括对案件事实进行的分析和评价；只能包括对已经发生的案件事实的陈述，不能包括对将来可能发生事情的推测。（2）证人证言具有主观性。因此，对证人证言不能盲目轻信，也不能一概否定，必须结合案件的其他证据进行认真严格地审查核实，否则不能作为定案根据。

证人证言是检验检疫行政处罚中运用较多的一种证据形式。如执法人员对行政处罚对象以外的人所作的调查笔录就属于此种证据。在具体执法过程中，作为证据使用的证人证言应当符合以下要求。（1）写明证人的姓名、年龄、性别、职业、住址等基本情况。（2）有证人的签名，不能签名的，应当以盖章等方式证明。（3）注明出具日期。（4）附有居民身份证复印件等证明证人身份的文件。

6. 当事人陈述

当事人陈述，是指案件当事人就案件事实所作的陈述，根据当事人陈述的形式不同，可以将当事人陈述分为口头陈述和书面陈述两类。当事人陈述可以口头作出，如在检验检疫行政处罚案件调查过程中，案件当事人对于执法人员的询问所作的口头阐述和回答即属于当事人口头陈述；而在检验检疫行政处罚案件调查过程中，案件当事人出具的情况说明以及行政处罚告知书送达当事人后，当事人出具的意见书等都属于当事人的书面陈述。当事人陈述具有以下特点。（1）证明作用的直接性。一般情况下，当事人对案件事实有着直接的感受和全面的了解，因而当事人陈述通常能够成为直接证据，证明案件的主要事实。（2）内容的特定性。具有证据意义并构成当事人陈述的内容，仅限于当事人关于案件事实的陈述，不包括对案件事实的性质发表的意见以及根据案件事实提出的主张和要求。（3）程序的法定性。当事人陈述必须符合法定的程序要求，否则不具有证据能力。一般来说，当事人陈述必须在检验检疫行政处罚程序之中，程序之外所做的陈述不属于当事人陈述。同时，执法人员必须遵守法定的程序，不得采用法律禁止的方法收集当事人陈述。（4）复杂性。因为当事人与案件有直接的利害关系，作虚伪陈述的可能性也比较大。而且，当事人在利益动机的驱动下，其陈述还可能表现出不稳定性，以后来的陈述推翻先前的陈述。

7. 鉴定意见

鉴定意见，是指鉴定人接受委托或聘请，运用自己的专门知识或技能，对某些专门性问题进行分析、判断后所作出的结论性意见。鉴定意见具有以下特征。（1）鉴定意见是鉴定人对某些专门性问题进行鉴别、判断后所作出的结论，是一种具有科学根据的意见。（2）鉴定意见是为解决案件中的专门性问题指派或聘请鉴定人而作出的书面结论。（3）鉴定意见的内容是鉴定人对某些专门性问题所作的判断结论，而不是对有关事实作出的法律评价。

鉴定意见作为一种证据种类，应载明以下内容。（1）委托人和委托鉴定的事项。作为检验检疫行政处罚的一种证据的鉴定意见，应是在作出行政处罚决定之前，为收集相关的证据材料而委托鉴定机关作出的，鉴定事项应与上述目的有关。（2）鉴定部门和鉴定人员资格说明。鉴定人员的鉴定活动应当以鉴定人员具有资格、符合条件为前提。如果鉴定人员和鉴定部门不具有相应资格，必然导致鉴定意见无效。（3）鉴定时向鉴定部门提交的相关材料。（4）鉴定的依据和使用的科技手段。（5）有鉴定人的签名和鉴定部门盖章。（6）通过分析获得的鉴定意见，应当说明分析过程。

8. 勘验笔录与现场笔录

勘验笔录是行政程序和行政处罚案件调查过程中对与案件有关的场所、物品和现场进行勘查、检测、测量、拍照、绘图后所作的笔录。现场笔录是指行政执法人员对行政违法行为当场进行调查、给予处罚或者处理而制作的文字记录材料。现场笔录与勘验笔录的不同之处，首先在于二者所反映的事实不同，勘验笔录所反映的多是静态的客观情况，而且一般是在案件发生后进行的；而现场笔录则是对行政机关执法现场当时情况所作的记录，一般是动态的事实，所反映的是制作笔录时的情况。其次是二者包含的内容不尽相同，现场笔录可以包含执法人员对当事人进行调查询问所形成的笔录，而勘验笔录则不包括。现场笔录具有如下特征。（1）从制作主体来看，仅限于行政机关，是由行政机关执法人员在当事人的参与下制作的。（2）从制作内容来看，现场笔录所记录的内容是正在发生或刚刚发生的现场事实，既不能事前提前做好，也不能在事后予以补记。

现场笔录应该符合以下要求。（1）应当载明时间、地点和事件等内容。（2）应有执法人员和当事人签名。当事人拒绝签名或者不能签名的，应当注明原因。有其他人在现场的，可由其他人签名。（3）法律、法规和规章对现场笔录的制作形式另有规定的，从其规定。

勘验笔录应该符合以下要求。（1）应当载明时间、地点等内容。（2）应有执法人员和当事人、见证人签名。（3）客观、全面、准确地记录勘验的简要经过，采取的方式，勘验中发现的问题、相关数据，勘验的结果、状况。勘验情况栏根据需要可以附图、照片或录像资料。

四、证据的认证

检验检疫行政处罚案件证据的认证，是指检验检疫行政处罚案件执法办案人员就办案过程中所涉及的与待证事实有关的证据加以审查认定，以确认其有无证据能力以及证明力强弱的活动。

1. 认证对象

在行政处罚过程中，执法人员往往会通过多种途径收集大量的材料，有时行政相对人也会提供一些材料，这些数量众多的材料难免鱼龙混杂、有真有假，这就需要执法人员对大量的证据进行全面、客观、公正的审查，从而确定其证据资格的有无和证明力的大小。具体而言，认证对象的内容涉及两个方面：一是证据能力，二是证据力。证据能力是指某项证据材料可以成为认定案件事实依据的资格，又称"证据资格""证据的适格性"；证据力又称证明价值，是指证据材料所具有的对待证事实具有的积极价值，在质的规定下，证明力可能包含着量的变化，即通常所说的有无证明力、证明力的大小，证明力的大小与关联性密切相关。检验检疫行政处罚案件执法人员对证据力的认定，实质上是对某一证据本身是否具有客观性以及与待证事实是否具有关联性的确认，执法人员对证据的认证，实质上是对证据力大小与强弱的认定，是对证据价值的评估与判定。执法人员对证据力的认证属于对证据所进行的实质要件的认定，对证据能力的认证属于对证据所进行的形式要件的认定，两者统一构成了执法人员对证据进行认证的完整内容。

2. 认证规则

执法人员进行认证时，应当遵循相应的规则，即认证规则。根据《最高人民法院关于行政诉讼证据若干问题的规定》，检验检疫行政处罚中应遵守或参照的认证规则包括以下内容：

（1）证据合法性的审查规则

合法性要求包括以下两个方面：

第一是证据是否符合法定形式。首先，证据要符合《行政诉讼法》第三十三条所规定的八种形式：书证、物证、视听资料、电子数据、证人证言、当事人的陈述、鉴定意见、勘验笔录和现场笔录；其次，证据还必须符合法律对其形式的特殊要求，即必须履行一定的法律手续或具备一定的条件。如证人证言必须有证人签名或盖章，境外调取的证据必须经证据所在国公证机构公证、外交部门认证和国内驻外使、领馆认证。

第二是证据的取得是否符合法律、行政法规、法律解释的要求。包括两个方面的内容：一是在证据的形成过程是否存在影响其真实性的因素。对此问题的审查，一般需考虑是否基于不良动机和利害关系提供虚假情况。如证人因与当事人的利害关系而提供虚假证言；是否因年龄、心理、认识等主客观原因而提供了不实的陈述。二是证据的收集是否符合法定程序。法律、法规、规章等对取证程序有规定的，行政机关应遵守其规定。如《行政处罚法》第五十五条规定："执法人员在调查或者进行检查时，应当主动向当事人或者有关人员出示执法证件。当事人或者有关人员有权要求执法人员出示执法证件。执法人员不出示执法证件的，当事人或者有关人员有权拒绝接受调查或者检查。当事人或者有关人员应当如实回答询问，并协助调查或者检查，不得拒绝或者阻挠。询问或者检查应当制作笔录。"

（2）证据真实性的审查规则

证据真实性，是指证据材料所反映的或者说证明的案件的情况是可靠的。对真实性的审查主要包括五个方面：第一是证据形成的原因，主要指证据形成的客观过程；第二是发现证据时的客观环境；第三是证据是否为原件、原物，复制件、复制品与原件、原物是否相符；第四是提供证据的人或者证人与当事人是否具有利害关系；第五是影响证据真实性的其他因素。

（3）非法证据排除规则

非法证据排除规则是指对那些与案件事实关联本来可以予以采用的证据，因为某些因素，将其加以排除的证据规则。在检验检疫行政处罚过程中，审核证据时，以下证据不能作为定案证据：第一，严重违反法定程序收集的证据材料。第二，以偷拍、偷录、窃听等手段获取侵害他人合法权益的证据材料。

符合此种情况，必须具备两个条件：其一是采取了偷拍、偷录、窃听的手段来获取证据材料；其二是必须侵害他人的合法权益。第三，以利诱、欺诈、胁迫、暴力等不正当手段获取的证据材料。第四，在中华人民共和国领域外形成的证据，以及在我国香港、澳门、台湾地区形成的未办理法定证明手续的证据材料。第五，无法收集到原件、原物，又无其他证据印证，且当事人不予认可的证据的复制件或者复制品。第六，被进行技术处理而无法辨明真伪的证据材料。第七，不能正确表达意志的证人提供的证言。第八，不具备合法性和真实性的其他证据材料。第九，以违反法律禁止性规定或者侵犯他人合法权益的方法取得的证据。第十，在行政程序中非法剥夺公民、法人或者其他组织依法享有的陈述、申辩或者听证权利所采用的证据。第十一，鉴定结论有如下情形的，不能作为定案依据：鉴定人员不具备鉴定资格；鉴定程序严重违法；鉴定结论错误、不明确或者内容不完整。

（4）补强证据规则

补强证据规则，是指某一证据可能具有较大的瑕疵性，不能单独作为认定案件事实的根据，只能在其他证据予以佐证方式补强的方式下，才能作为本案的定案依据。补强证据应当具备两个条件：一是必须具备证据资格；二是与被补强的证据材料相结合才能证明案件事实。根据《最高人民法院关于行政诉讼证据若干问题的规定》的相关要求，检验检疫行政处罚案件中的补强证据包括：一是未成年人所作的与其年龄和智力状况不相适应的证言；二是与当事人有亲属关系或者其他密切关系的证人所作的对该当事人有利的证言，或者与当事人有不利关系的证人所作的对该当事人不利的证言；三是难以识别是否经过修改的视听资料；四是无法与原件、原物核对的复制件或者复制品；五是经一方当事人或者他人改动，对方当事人不予认可的证据材料；六是其他不能单独作为定案依据的证据材料。

（5）最佳证据规则

最佳证据规则，是指对某一特定的与案件有关的事实，只能采用可能得到最令人信服和最有说明力的有关证据方式予以证明。根据《最高人民法院关于行政诉讼证据若干问题的规定》第六十三条、第六十四条的规定，在检验检疫行政处罚程序中，数个证据对所证明的事实互相冲突时，应遵守如下规则予以认定：第一，国家机关以及其他职能部门依职权制作的公文书证效力优于其他书证；第二，鉴定结论、现场笔录、勘验笔录、档案材料以及经过公证或者登记的书证优于其他鉴定部门的鉴定结论；第三，原件、原物优于复制件、复制品；第四，法定鉴定部门的鉴定结论优于其他鉴定部门的鉴定结论；第五，原始证据优于传来证据；第六，其他证人证言优于与当事人有亲属关系或者其他密切关系的证人提供的对该当事人有利的证言；第七，数个种类不同、内容一致的证据优于一个孤立的证据；第八，以有形载体固定或者显示的电子数据交换、电子邮件以及其他数据资料，其制作情况和真实性以公证等有效形式予以证明的，与原件具有同等的证明效力。

第六节　检验检疫行政处罚的程序

一、普通程序

普通程序，是指除法律特别规定可以适用简易程序和快速办理以外，检验检疫行政处罚通常所应适用的程序，主要步骤如下：

1. 立案

立案是指海关对于受理的涉嫌违法信息资料进行审查后，依法决定进一步调查处理的行为。符合立案标准的，海关应当及时立案。

2. 调查

除依法可以当场作出的行政处罚外，海关发现公民、法人或者其他组织有依法应当由海关给予行政处罚的行为的，必须全面、客观、公正地调查，收集有关证据；必要时，依照法律、行政法规的规定，可以进行检查。

（1）出示执法证件

执法人员在调查或者进行检查时不得少于两人，并应当主动向当事人或者有关人员出示执法证件。

（2）查问、询问

执法人员查问违法嫌疑人、询问证人应当个别进行，并且告知其依法享有的权利和作伪证应当承担的法律责任。执法人员查问违法嫌疑人，可以到其所在单位或者住所进行，也可以要求其到海关或者指定地点进行。执法人员询问证人，可以到其所在单位、住所或者其提出的地点进行。必要时，也可以通知证人到海关或者指定地点进行。查问、询问应当制作查问、询问笔录。

查问、询问笔录上所列项目，应当按照规定填写齐全，并且注明查问、询问开始和结束的时间；执法人员应当在查问、询问笔录上签字。查问、询问笔录应当当场交给被查问人、被询问人核对或者向其宣读。执法人员对违法嫌疑人、证人的陈述必须充分听取，并且如实记录。被查问人、被询问人核对无误后，应当在查问、询问笔录上逐页签字或者捺指印，拒绝签字或者捺指印的，执法人员应当在查问、询问笔录上注明。如果记录有误或者遗漏，应当允许被查问人、被询问人更正或者补充，并且在更正或者补充处签字或者捺指印。

查问、询问聋、哑人时，应当有通晓聋、哑手语的人作为翻译人员参加，并且在笔录上注明被查问人、被询问人的聋、哑情况。查问、询问不通晓中国语言文字的外国人、无国籍人，应当为其提供翻译人员；被查问人、被询问人通晓中国语言文字不需要提供翻译人员的，应当出具书面声明，执法人员应当在查问、询问笔录中注明。翻译人员的姓名、工作单位和职业应当在查问、询问笔录中注明。翻译人员应当在查问、询问笔录上签字。

海关首次查问违法嫌疑人、询问证人时，应当问明违法嫌疑人、证人的姓名、出生日期、户籍所在地、现住址、身份证件种类及号码、工作单位、文化程度，是否曾受过刑事处罚或者被行政机关给予行政处罚等情况；必要时，还应当问明家庭主要成员等情况。违法嫌疑人或者证人不满十八周岁的，查问、询问时应当依法通知其法定代理人或者其成年家属、所在学校的代表等合适成年人到场，并且采取适当方式，在适当场所进行，保障未成年人的名誉权、隐私权和其他合法权益。

被查问人、被询问人要求自行提供书面陈述材料的，应当准许；必要时，执法人员也可以要求被查问人、被询问人自行书写陈述。被查问人、被询问人自行提供书面陈述材料的，应当在陈述材料上签字并且注明书写陈述的时间、地点和陈述人等。执法人员收到书面陈述后，应当注明收到时间并且签字确认。

（3）检查、查验

执法人员依法检查运输工具和场所，查验货物、物品，应当制作检查、查验记录。检查、查验记录应当由执法人员、当事人或者其代理人签字或者盖章；当事人或者其代理人不在场或者拒绝签字或者盖章的，执法人员应当在检查、查验记录上注明，并且由见证人签字或者盖章。

执法人员依法检查走私嫌疑人的身体，应当在隐蔽的场所或者非检查人员视线之外，由两名以上与被检查人同性别的执法人员执行，并且制作人身检查记录。检查走私嫌疑人身体可以由医生协助进行，必要时可以前往医疗机构检查。人身检查记录应当由执法人员、被检查人签字或者盖章；被检查人拒绝签字或者盖章的，执法人员应当在人身检查记录上注明。

（4）取样送检

为查清事实或者固定证据，海关或者海关依法委托的机构可以提取样品。提取样品时，当事人或者其代理人应当到场；当事人或者其代理人未到场的，海关应当邀请见证人到场。海关认为必要时，可以径行提取货样。提取的样品应当予以加封确认，并且填制提取样品记录，由执法人员或者海关依法委托的机构人员、当事人或者其代理人、见证人签字或者盖章。海关或者海关依法委托的机构提取的样品应当一式两份以上；样品份数及每份样品数量以能够满足案件办理需要为限。

为查清事实，需要对案件中专门事项进行检测、检验、检疫、技术鉴定的，应当由海关或者海关依法委托的机构实施。检测、检验、检疫、技术鉴定结果应当载明委托人和委托事项、依据和结论，并且应当有检测、检验、检疫、技术鉴定人的签字和海关或者海关依法委托的机构的盖章。检测、检验、检疫、技术鉴定的费用由海关承担。检测、检验、检疫、技术鉴定结果应当告知当事人。

（5）扣留

海关实施扣留应当遵守下列规定：一是实施前须向海关负责人报告并经批准，但是根据《海关法》第六条第四项实施的扣留，应当经直属海关关长或者其授权的隶属海关关长批准；二是由两名以上执法人员实施；三是出示执法证件；四是通知当事人到场；五是当场告知当事人采取扣留的理由、依据以及当事人依法享有的权利、救济途径；六是听取当事人的陈述和申辩；七是制作现场笔录；八是现场笔录由当事人和执法人员签名或者盖章，当事人拒绝的，在笔录中予以注明；九是当事人不到场的，邀请见证人到场，由见证人和执法人员在现场笔录上签名或者盖章；十是法律、行政法规规定的其他程序。海关依法扣留货物、物品、运输工具、其他财产及账册、单据等资料，可以加施海关封志。

海关依法扣留的货物、物品、运输工具，在人民法院判决或者海关行政处罚决定作出之前，不得处理。但是，危险品或者鲜活、易腐、易烂、易失效、易变质等不宜长期保存的货物、物品以及所有人申请先行变卖的货物、物品、运输工具，经直属海关关长或者其授权的隶属海关关长批准，可以先行依法变卖，变卖所得价款由海关保存；依照法律、行政法规的规定，应当采取退运、销毁、无害化处理等措施的货物、物品，可以依法先行处置。海关在变卖前，应当通知先行变卖的货物、物品、运输工具的所有人。变卖前无法及时通知的，海关应当在货物、物品、运输工具变卖后，通知其所有人。

海关依法解除对货物、物品、运输工具、其他财产及有关账册、单据等资料的扣留，应当制发解除扣留通知书送达当事人。解除扣留通知书由执法人员、当事人或者其代理人签字或者盖章；当事人或者其代理人不在场，或者当事人、代理人拒绝签字或者盖章的，执法人员应当在解除扣留通知书上注明，并且由见证人签字或者盖章。

有违法嫌疑的货物、物品、运输工具应当或者已经被海关依法扣留的，当事人可以向海关提供担保，申请免予或者解除扣留。有违法嫌疑的货物、物品、运输工具无法或者不便扣留的，当事人或者运输工具负责人应当向海关提供等值的担保。当事人或者运输工具负责人向海关提供担保时，执法人员应当制作收取担保凭单并送达当事人或者运输工具负责人，执法人员、当事人、运输工具负责人或者其代理人应当在收取担保凭单上签字或者盖章。收取担保后，可以对涉案货物、物品、运输工具进行拍照或者录像存档。

海关依法解除担保的，应当制发解除担保通知书送达当事人或者运输工具负责人。解除担保通知书由执法人员及当事人、运输工具负责人或者其代理人签字或者盖章；当事人、运输工具负责人或者其代理人不在场或者拒绝签字或者盖章的，执法人员应当在解除担保通知书上注明。

3. 法制审核

海关对已经调查终结的行政处罚普通程序案件，应当由从事行政处罚决定法制审核的人员进行法制审核；未经法制审核或者审核未通过的，不得作出处理决定。海关初次从事行政处罚决定法制审核的人员，应当通过国家统一法律职业资格考试取得法律职业资格。

海关对行政处罚案件进行法制审核时，应当重点审核以下内容，并提出审核意见：一是执法主体是否合法；二是执法人员是否具备执法资格；三是执法程序是否合法；四是案件事实是否清楚，证据是否合法充分；五是适用法律、行政法规、海关规章等依据是否准确；六是自由裁量权行使是否适当；七是是否超越法定权限；八是法律文书是否完备、规范；九是违法行为是否依法应当移送其他行政机关或者司法机关处理。

经审核存在问题的，法制审核人员应当提出处理意见并退回调查部门。仅存在适用法律、行政法规、海关规章等依据是否准确以及自由裁量权行使是否适当问题的，法制审核人员也可以直接提出处理意见，依法作出处理决定。

4.告知、复核

（1）告知

海关在作出行政处罚决定或者不予行政处罚决定前，应当告知当事人拟作出的行政处罚或者不予行政处罚内容及事实、理由、依据，并且告知当事人依法享有的陈述、申辩、要求听证等权利。海关未依照前款规定履行告知义务，或者拒绝听取当事人的陈述、申辩，不得作出行政处罚决定或者不予行政处罚决定。在履行告知义务时，海关应当制发行政处罚告知单或者不予行政处罚告知单，并送达当事人。

（2）当事人提出陈述申辩

除因不可抗力或者海关认可的其他正当理由外，当事人应当在收到行政处罚或者不予行政处罚告知单之日起五个工作日内提出书面陈述、申辩和要求听证，逾期视为放弃陈述、申辩和要求听证的权利。当事人当场口头提出陈述、申辩或者要求听证的，海关应当制作书面记录，并且由当事人签字或者盖章确认。当事人明确放弃陈述、申辩和听证权利的，海关可以直接作出行政处罚或者不予行政处罚决定。当事人放弃陈述、申辩和听证权利应当有书面记载，并且由当事人或者其代理人签字或者盖章确认。

（3）复核

海关必须充分听取当事人的陈述、申辩和听证意见，对当事人提出的事实、理由和证据，应当进行复核；当事人提出的事实、理由、证据或者意见成立的，海关应当采纳。海关不得因当事人陈述、申辩、要求听证而给予更重的处罚，但是海关发现新的违法事实的除外。

经复核后，变更原告知的行政处罚或者不予行政处罚内容及事实、理由、依据的，应当重新制发海关行政处罚告知单或者不予行政处罚告知单。经复核后，维持原告知的行政处罚或者不予行政处罚内容及事实、理由、依据的，依法作出处理决定。

5. 听证

（1）听证范围

海关拟作出下列行政处罚决定，应当告知当事人有要求听证的权利，当事人要求听证的，海关应当组织听证：一是对公民处一万元以上罚款、对法人或者其他组织处十万元以上罚款；二是对公民处没收一万元以上违法所得、对法人或者其他组织处没收十万元以上违法所得；三是没收有关货物、物品、走私运输工具；四是降低资质等级、吊销许可证件；五是责令停产停业、责令关闭、限制从业；六是其他较重的行政处罚；七是法律、行政法规、海关规章规定的其他情形。当事人不承担组织听证的费用。

（2）听证参加人

包括当事人及其代理人、第三人及其代理人、案件调查人员；其他人员包括证人、翻译人员、检测、检验、检疫、技术鉴定人。与案件处理结果有直接利害关系的公民、法人或者其他组织要求参加听证的，可以作为第三人参加听证；为查明案情，必要时，听证主持人也可以通知其参加听证。当事人、第三人可以委托一至二名代理人参加听证。经听证主持人同意，当事人及其代理人、第三人及其代理人、案件调查人员可以要求证人、检测、检验、检疫、技术鉴定人参加听证，并在举行听证的一个工作日前提供相关人员的基本情况。

（3）听证的申请与决定

当事人要求听证的，应当在海关告知其听证权利之日起五个工作日内向海关提出。海关决定组织听证的，应当自收到听证申请之日起二十个工作日内举行听证，并在举行听证的七个工作日前将举行听证的时间、地点通知听证参加人和其他人员。

有下列情形之一的，海关应当作出不予听证的决定：一是申请人不是本案当事人或者其代理人；二是未在收到行政处罚告知单之日起五个工作日内要求听证的；三是不属于《海关办理行政处罚案件程序规定》第八十二条规定范围的。决定不予听证的，海关应当在收到听证申请之日起三个工作日以内制作海关行政处罚不予听证通知书，并及时送达申请人。

（4）听证的举行

①听证纪律。听证参加人及其他人员应当遵守以下听证纪律：一是听证参加人及其他人员应当遵守听证秩序，经听证主持人同意后，才能进行陈述和辩论；二是旁听人员不得影响听证的正常进行；三是准备进行录音、录像、摄影和采访的，应当事先报经听证主持人批准。

②听证程序。听证应当按照下列程序进行：一是听证主持人核对当事人及其代理人、第三人及其代理人、案件调查人员的身份；二是听证主持人宣布听证参加人、翻译人员、检测、检验、检疫、技术鉴定人名单，询问当事人及其

代理人、第三人及其代理人、案件调查人员是否申请回避；三是宣布听证纪律；四是听证主持人宣布听证开始并介绍案由；五是案件调查人员陈述当事人违法事实，出示相关证据，提出拟作出的行政处罚决定和依据；六是当事人及其代理人陈述、申辩，提出意见和主张；七是第三人及其代理人陈述，提出意见和主张；八是听证主持人就案件事实、证据、处罚依据进行提问；九是当事人及其代理人、第三人及其代理人、案件调查人员相互质证、辩论；十是当事人及其代理人、第三人及其代理人、案件调查人员作最后陈述；十一是宣布听证结束。

③延期听证。有下列情形之一的，应当延期举行听证：一是当事人或者其代理人因不可抗力或者有其他正当理由无法到场的；二是临时决定听证主持人、听证员或者记录员回避，不能当场确定更换人选的；三是作为当事人的法人或者其他组织有合并、分立或者其他资产重组情形，需要等待权利义务承受人的；四是其他依法应当延期举行听证的情形。延期听证的原因消除后，由听证主持人重新确定举行听证的时间，并在举行听证的三个工作日前书面告知听证参加人及其他人员。

④中止听证。有下列情形之一的，应当中止举行听证：一是需要通知新的证人到场或者需要重新检测、检验、检疫、技术鉴定、补充证据的；二是当事人因不可抗力或者有其他正当理由暂时无法继续参加听证的；三是听证参加人及其他人员不遵守听证纪律，造成会场秩序混乱的；四是其他依法应当中止举行听证的情形。中止听证的原因消除后，由听证主持人确定恢复举行听证的时间，并在举行听证的三个工作日前书面告知听证参加人及其他人员。

⑤终止听证。有下列情形之一的，应当终止举行听证：一是当事人及其代理人撤回听证申请的；二是当事人及其代理人无正当理由拒不出席听证的；三是当事人及其代理人未经许可中途退出听证的；四是当事人死亡或者作为当事人的法人、其他组织终止，没有权利义务承受人的；五是其他依法应当终止听证的情形。

⑥听证笔录。听证应当制作笔录，听证笔录应当载明下列事项：一是案由；二是听证参加人及其他人员的姓名或者名称；三是听证主持人、听证员、记录员的姓名；四是举行听证的时间、地点和方式；五是案件调查人员提出的本案的事实、证据和拟作出的行政处罚决定及其依据；六是陈述、申辩和质证的内容；七是证人证言；八是按规定应当载明的其他事项。

听证笔录应当由听证参加人及其他人员确认无误后逐页进行签字或者盖章。对记录内容有异议的可以当场更正后签字或者盖章确认。听证参加人及其他人员拒绝签字或者盖章的，由听证主持人在听证笔录上注明。听证结束后，海关应当根据听证笔录，依法进行复核及作出决定。

6.决定

海关应当自行政处罚案件立案之日起六个月内作出行政处罚决定；确有必

要的，经海关负责人批准可以延长期限，延长期限不得超过六个月。案情特别复杂或者有其他特殊情况，经延长期限仍不能作出处理决定的，应当由直属海关负责人集体讨论决定是否继续延长期限，决定继续延长期限的，应当同时确定延长的合理期限。上述期间不包括公告、检测、检验、检疫、技术鉴定、复议、诉讼的期间。在案件办理期间，发现当事人另有违法行为的，自发现之日起重新计算办案期限。

海关负责人应当对行政处罚案件进行审查，根据不同情况，分别作出决定。海关作出行政处罚决定，应当做到认定违法事实清楚，定案证据确凿充分，违法行为定性准确，适用法律正确，办案程序合法，处罚合理适当。违法事实不清、证据不足的，不得给予行政处罚。对情节复杂或者重大违法行为给予行政处罚，应当由海关负责人集体讨论决定。

海关依法作出行政处罚决定或者不予行政处罚决定的，应当制发行政处罚决定书或者不予行政处罚决定书。行政处罚决定书应当在宣告后当场交付当事人；当事人不在场的，海关应当在七个工作日内将行政处罚决定书送达当事人。具有一定社会影响的行政处罚决定，海关还应当依法公开。

7. 执行

（1）履行要求

海关作出行政处罚决定后，当事人应当在行政处罚决定书载明的期限内，予以履行。海关作出罚款决定的，当事人应当自收到行政处罚决定书之日起十五日内，到指定的银行或者通过电子支付系统缴纳罚款。当事人确有经济困难向海关提出延期或者分期缴纳罚款的，应当以书面方式提出申请。海关收到当事人延期、分期缴纳罚款的申请后，应当在十个工作日内作出是否准予延期、分期缴纳罚款的决定，并且制发通知书送达申请人。

（2）海关行政强制执行

当事人逾期不履行行政处罚决定的，海关可以采取下列措施：一是到期不缴纳罚款的，每日按照罚款数额的百分之三加处罚款，加处罚款的数额不得超出罚款的数额；二是当事人逾期不履行海关的处罚决定又不申请复议或者向人民法院提起诉讼的，海关可以将其保证金抵缴或者将其被扣留的货物、物品、运输工具依法变价抵缴，也可以申请人民法院强制执行；三是根据法律规定，采取其他行政强制执行方式。

受海关处罚的当事人或者其法定代表人、主要负责人在出境前未缴清罚款、违法所得和依法追缴的货物、物品、走私运输工具等值价款的，也未向海关提供相当于上述款项担保的，海关可以依法制作阻止出境协助函，通知出境管理机关阻止其出境。阻止出境协助函应当随附行政处罚决定书等相关法律文书，并且载明被阻止出境人员的姓名、性别、出生日期、出入境证件种类和号码。被阻止出境人员是外国人、无国籍人员的，应当注明其英文姓名。

（3）解除扣留、解除担保

当事人或者其法定代表人、主要负责人缴清罚款、违法所得和依法追缴的货物、物品、走私运输工具等值价款的，或者向海关提供相当于上述款项担保的，海关应当及时制作解除阻止出境协助函通知出境管理机关。将当事人的保证金抵缴或者将当事人被扣留的货物、物品、运输工具依法变价抵缴罚款之后仍然有剩余的，应当及时发还或者解除扣留、解除担保。

自海关送达解除扣留通知书之日起三个月内，当事人无正当理由未到海关办理有关货物、物品、运输工具或者其他财产的退还手续的，海关应当发布公告。自公告发布之日起三十日内，当事人仍未办理退还手续的，海关可以依法将有关货物、物品、运输工具或者其他财产提取变卖，并且保留变卖价款。变卖价款在扣除自海关送达解除扣留通知书之日起算的仓储等相关费用后，尚有余款的，自海关公告发布之日起一年内，当事人仍未办理退还手续的，海关应当将余款上缴国库。未予变卖的货物、物品、运输工具或者其他财产，自海关公告发布之日起一年内，当事人仍未办理退还手续的，由海关依法处置。自海关送达解除担保通知书之日起三个月内，当事人无正当理由未办理财产、权利退还手续的，海关应当发布公告。自海关公告发布之日起一年内，当事人仍未办理退还手续的，海关应当将担保财产、权利依法变卖或者兑付后，上缴国库。

（4）中止执行

有下列情形之一的，中止执行：一是处罚决定可能存在违法或者不当情况的；二是申请人民法院强制执行，人民法院裁定中止执行的；三是行政复议机关、人民法院认为需要中止执行的；四是海关认为需要中止执行的其他情形。根据第一项情形中止执行的，应当经海关负责人批准。中止执行的情形消失后，海关应当恢复执行。对没有明显社会危害，当事人确无能力履行，中止执行满三年未恢复执行的，海关不再执行。

（5）终结执行

有下列情形之一的，终结执行：一是据以执行的法律文书被撤销的；二是作为当事人的自然人死亡，无遗产可供执行，又无义务承受人的；三是作为当事人的法人或者其他组织被依法终止，无财产可供执行，又无义务承受人的；四是海关行政处罚决定履行期限届满超过二年，海关依法采取各种执行措施后仍无法执行完毕的，但是申请人民法院强制执行的除外；五是申请人民法院强制执行的，人民法院裁定中止执行后超过二年仍无法执行完毕的；六是申请人民法院强制执行后，人民法院裁定终结本次执行程序或者终结执行的；七是海关认为需要终结执行的其他情形。

（6）申请人民法院强制执行

海关申请人民法院强制执行，应当自当事人的法定起诉期限届满之日起三个月内提出。海关批准延期、分期缴纳罚款的，申请人民法院强制执行的期限，自暂缓或者分期缴纳罚款期限结束之日起计算。

二、简易程序

简易程序也称当场处罚程序，是海关对违法事实确凿并有法定依据，对公民处以二百元以下、对法人或者其他组织处以三千元以下罚款或者警告的行政处罚的一种程序。

执法人员当场作出行政处罚决定的，应当向当事人出示执法证件，填写预定格式、编有号码的行政处罚决定书，并当场交付当事人。当事人拒绝签收的，应当在行政处罚决定书上注明。执法人员当场作出的行政处罚决定，应当报所属海关备案。

三、快速办理程序

对不适用简易程序，但是事实清楚，当事人书面申请、自愿认错认罚且有其他证据佐证的行政处罚案件，符合特定情形的，海关可以通过简化取证、审核、审批等环节，快速办理案件。海关快速办理行政处罚案件的，应当在立案之日起七个工作日内制发行政处罚决定书或者不予行政处罚决定书。

快速办理行政处罚案件，当事人在自行书写材料或者查问笔录中承认违法事实、认错认罚，并有查验、检查记录、鉴定意见等关键证据能够相互印证的，海关可以不再开展其他调查取证工作。使用执法记录仪等设备对当事人陈述或者海关查问过程进行录音录像的，录音录像可以替代当事人自行书写材料或者查问笔录。必要时，海关可以对录音录像的关键内容及其对应的时间段作文字说明。

快速办理的行政处罚案件有下列情形之一的，海关应当终止适用快速办理，转为普通程序办理，并告知当事人：一是海关对当事人提出的陈述、申辩意见无法当场进行复核的；二是海关当场复核后，当事人对海关的复核意见仍然不服的；三是当事人要求听证的；四是海关认为违法事实需要进一步调查取证的；五是其他不宜适用快速办理的情形。快速办理阶段依法收集的证据，可以作为定案的根据。

四、尊重和保护当事人合法权益

在海关检验检疫行政处罚过程中，要注重尊重和保护当事人的合法权益，确保文明执法，实现海关执法三个效果的统一。当事人的权益主要包括：

1. 知情权。当事人有知悉与海关行政处罚相关的内容的权利。

2. 确认权。当事人享有对执法人员资格、相关笔录及检查、查验记录等进行确认的权利。

3. 委托代理权。当事人有委托他人代为行使权利、履行义务的权利。

4. 申请回避权。当事人认为执法人员或者其近亲属与案件有直接利害关系或者执法人员与案件有其他关系可能影响案件公正处理的，有权申请回避。

5. 选择权。当事人有选择适用某种程序或形式的权利。

6. 陈述申辩权。当事人有权为自己的行为进行陈述、说明、解释和辩解。

7. 申请听证权。当事人在行政处罚决定作出之前有要求举行听证会，对行政处罚依据的事实、证据和法律依据提出异议并阐述自己意见的权利。

8. 获得救济权。当事人有权依法诉诸法律渠道，如提起行政复议、行政诉讼、国家赔偿等，使违法行政处罚得到纠正，并使自己因违法处罚所受的损失得到赔偿。需要注意的是，根据2023年9月1日修订，将于2024年1月1日起施行的《中华人民共和国行政复议法》第二十三条的规定，对当场作出的行政处罚决定不服的，应当先向行政复议机关申请行政复议，对行政复议决定不服的，可以再依法向人民法院提起行政诉讼。

第二章
海关检验检疫行政处罚典型案例

第一节　进境流向货物逃检案

一、案情介绍

2020年8月，Y海关发现江苏省A有限公司从S口岸进口了两批共两台彩色超声诊断系统（商品编码为9018129110，检验检疫类别为M），没有及时向申报目的地Y海关联系检验检疫事宜而擅自将货物使用的情况。经查明，该公司于2020年7月以一般贸易方式向海关申报进口两台彩色超声诊断系统，涉案货值185 558美元。该两批货物均从S口岸进境，目的地为Y地，最终使用单位为当地两家卫生机构。该两批货物在S口岸进境时，该公司委托S市某货代公司向S海关代理报关，S海关也告知"上述货物需调往目的地海关实施检验检疫，请及时与目的地海关联系。上述货物未经检验检疫，不准销售、使用"。然而该公司在该两批货物通关进境后，并未及时与申报目的地海关Y海关联系检验，也未提醒最终使用单位相关事宜，而任由最终使用单位擅自开箱使用。

二、案件处理

该公司的行为违反了《进出口商品检验法》第五条、第十二条及《进出口商品检验法实施条例》第十六条第一款的规定，Y海关根据《进出口商品检验法》第三十二条、《进出口商品检验法实施条例》第四十二条的规定，对江苏省A有限公司依法予以处罚。

三、案件分析

《进出口商品检验法》第五条规定："列入目录的进出口商品，由商检机构实施检验。前款规定的进口商品未经检验的，不准销售、使用……"该两批彩色超声诊断系统商品编码为9018129110，检验检疫类别为M（进口商品检验），属于法定检验的商品。《进出口商品检验法》第十二条规定："本法规定必须经商检机构检验的进口商品的收货人或者其代理人，应当在商检机构规定的地点和期限内，接受商检机构对进口商品的检验。"由于这两批货物属进境流向货物，那么，它们应由哪个商检机构实施检验？在什么期限内接受检验呢？《进出口商品检验法实施条例》第十六条规定："法定检验的进口商品的收货人应当持合同、发票、装箱单、提单等必要的凭证和相关批准文件，向报关地的出入境检验检疫机构报检；通关放行后20日内，收货人应当依照本条例第十八条的规定，向出入境检验检疫机构申请检验。法定检验的进口商品未经检验的，不准销售，不准使用。"第十八条规定："法定检验的进口商品应当在收货人报检时申报的目的地检验。"由于该公司进口的两批货物报关地与货物的目的地在不同辖区，因此，收货人必须在 S 口岸海关放行后 20 日内向目的地海关申请检验。对于进境流向货物，收货人或其代理人必须做好两个环节的工作，即依次办理口岸进境通关和目的地申请检验。

本案中，该公司的错误在于只办理了口岸进境通关手续而没有办理目的地申请检验的报检手续，且在没有接受目的地海关 Y 海关检验的情况下就擅自将该批货物交予最终使用单位使用，客观上造成了逃避进口商品法定检验的事实，明显违反了上述法条的规定。对此，Y 海关依据《进出口商品检验法》第三十二条"违反本法规定，将必须经商检机构检验的进口商品未报经检验而擅自销售或者使用的，或者将必须经商检机构检验的出口商品未报经检验合格而擅自出口的，由商检机构没收违法所得，并处货值金额百分之五以上百分之二十以下的罚款"和《进出口商品检验法实施条例》第四十二条"擅自销售、使用未报检或者未经检验的属于法定检验的进口商品，或者擅自销售、使用应当申请进口验证而未申请的进口商品的，由出入境检验检疫机构没收违法所得，并处商品货值金额 5% 以上 20% 以下罚款"的有关规定，对该公司进行了处罚。

在实践中，造成流向货物逃漏检的原因有以下几个方面：一是有的报关代理公司虚报或错报联系方式，致使目的地海关无法主动联系收货人完成检验工作，使货物通关后失去有效监管，在收货人不主动申请检验的情况下导致逃检；二是有的报关代理公司不负责任，没有将进境流向货物到目的地后须履行目的地检验的要求告知货主，致使货主在不知情的情况下造成漏检；三是有的货主明知进口的是法检货物，但由于生产急需或对海关工作不够重视等原因，故意不报，从而造成逃检；四是部分报关代理公司与货主串通，利用进境流向货物查处涉及地域广、相关企业多、口岸海关与目的地海关沟通协调不够、信息不对称、查处难度较大等情况，心存侥幸，有意识、有预谋地逃避检验；五是货主与口岸代理报关公司沟通不够，在口岸报关之前，货主没有明确告知货物通关进境后的目的地，而口岸代理报关公司在没有询问清楚的情况下自作主张，根据货主所在地申报货物的目的地，致使真正的目的地与申报的目的地不一致，从而导致申报的目的地海关无法实施检验。

为减少进而杜绝此类逃漏检案件的发生，就企业而言，应注意以下几个方面的问题：首先，加强对海关检验检疫法律法规的学习，从而避免因不知法造成的违法；其次，增强守法意识，严格按照法律的规定诚信经营；再次，选择信用程度较高的报关代理公司，避免别人的过错自己"买单"；最后，加强与报关代理公司的沟通，避免因为失误而产生错误。就海关而言，应采取如下举措：一是加大宣传力度，普及海关检验检疫法律法规知识，增强外贸企业和代理公司的法制观念；二是加大管理力度，特别是加强对代理报关公司的监督管理，督促报关公司及其报关人员勤勉而全面地履行自己的代理报关义务；三是加大协作力度，建立和完善口岸—目的地海关的联合执法监督体系，堵塞管理漏洞，从根本上控制逃漏检行为的发生；四是加大执法力度，对违法违规行为，发现一起、查处一起、教育一起，提高广大外贸企业的法律认识水平和诚信守法意识，不给违法分子可乘之机，维护正常的海关工作秩序和贸易秩序。

第二节 擅自销售未经检验的进口燕窝案

一、案情介绍

2020年9月27日，A公司向J海关申报进口一批来自马来西亚的进口食用燕窝，该批燕窝商品编码为0410001000，检验检疫类别为P.R/Q.S，重量共计20千克，货值共计20万元人民币。该票货物检验检疫受理机关、口岸检验检疫机关、目的地检验检疫机关均为J海关。

J海关在实施检疫后，对该批货物下达目的地检查指令并通过目的地检查通知的方式告知A公司需主动联系J海关办理目的地检查手续。A公司未办理目的地检查手续，擅自将该批未经海关检验合格的燕窝销售，后J海关通过发票、销售资金往来凭证确认该批燕窝已被全部销售。

二、案件处理

该批货物入境后应在目的地实施检验，但当事人未经海关实施检验便擅自将该批进口燕窝销售。A公司的行为违反了《进出口商品检验法》第五条、第十二条及《进出口商品检验法实施条例》第十六条第一款的规定，构成擅自销售未经检验的属于法定检验的进口商品的违法行为。根据《进出口商品检验法》第三十二条及《进出口商品检验法实施条例》第四十二条的规定，擅自销售未经检验的属于法定检验的进口商品的，由出入境检验检疫机构没收违法所得，并处货值金额百分之五以上百分之二十以下的罚款。J海关依法对A公司予以处罚。

三、案件分析

1. 法律分析

《进出口商品检验法》根据保护人类健康和安全、保护动物或者植物的生命和健康、保护环境、防止欺诈行为、维护国家安全的原则，规定由国家商检部门制定、调整必须实施检验的进出口商品目录，对列入目录的进出口商品实施检验即法定检验。先报经检验，后销售、使用是进口法检商品的法定管理秩序。

A公司申报进口的燕窝，属于法定检验商品，但未经海关检验，企业擅自销售，违反了《进出口商品检验法》第五条"列入目录的进出口商品，由商检机构实施检验。前款规定的进口商品未经检验的，不准销售、使用"和《进出口商品检验法》第三十二条"违反本法规定，将必须经商检机构检验的进口商品未报经检验而擅自销售或者使用的，……由商检机构没收违法所得，并处货值金额百分之五以上百分之二十以下的罚款；构成犯罪的，依法追究刑事责任"的规定。根据以上法律规定，J海关对当事人A公司进行了没收违法所得并处罚款的处罚。

2. 案件启示

经调查发现，A公司在收到口岸检查放行通知以及目的地检查通知后，未注意到目的地检查通知，对检验检疫法律法规了解不够，误以为有提货指令后即表示通关放行，在未经检验检疫合格、未取得入境检验检疫证明的情况下，为赶上节日促销活动，擅自对该批燕窝进行销售。经核对销售记录等证据材料，A公司客观上发生擅自销售的违法行为，违反了《进出口商品检验法》相关规定。

鉴于此，进口企业应对进口法检商品的各环节工作有全面的了解，熟悉海关通关流程，避免因不了解相关检验检疫法律法规出现违法行为。同时，要自觉遵守检验检疫法律法规，对进出口法定检验货物主动申报，故意逃避进出口法定检验的行为将承担相应法律责任。

第三节　擅自使用进口法检商品案

一、案情介绍

2020年1月10日，上海A供应链管理有限公司（以下简称A公司）向S海关申报进口一批来自意大利的木制家具，共计50件，价值51 739.33欧元，申报目的地为宁波市Y区。Y海关于同年1月19日联系当事人得知，该批货物未经海关检验检疫，已被当事人使用，Y海关遂进行立案调查。

根据A公司负责该批货物的总经理陈述，货物申报后已联系Y海关关员，并被告知等货物到达仓库后再联系检验。运递公司位于Y区的仓库，同年1月16日，货物在上海办理完毕口岸检疫等手续后，因为临近过年，货主急着使用，在未通知A公司的情况下提前将床、橡木制床头柜、榉木制床头柜等31件货物从仓库提走使用。同年1月19日，Y海关关员联系当事人安排检验，得知其中31件货物已被使用，包括床、橡木制床头柜、榉木制床头柜（商品编码为9403509990，检验检疫类别为M.P/Q）等法检商品5件。经核，上述须经法定检验的逃漏检货值10 050.68欧元。

二、案件处理

擅自使用未经检验的属于法定检验的进口商品的行为已经违反了《进出口商品检验法》第五条、第十二条及《进出口商品检验法实施条例》第十六条第一款的规定，Y海关根据《进出口商品检验法》第三十二条、《进出口商品检验法实施条例》第四十二条的规定，对A公司依法予以处罚。

三、案件分析

本案是一起典型的进境货物逃检案，办理的关键点是如何认定案件中的"货值金额"。在涉检行政处罚中，有不少条款要求的罚款数额是以货值金额为基数来计算的。如何精准认定涉检行政处罚中的"货值金额"，是案件办理的关键问题之一，直接决定了案件处罚是否合法合理，也是保证海关行政执法公平、公正、合理的前提条件。

在《进出口商品检验法》《进出口商品检验法实施条例》的罚则部分，共有10处涉及"货值金额"的表述。其中，有9处表述为"并处商品货值金额……罚款"；而《进出口商品检验法实施条例》第四十四条对货值金额表述为"并处违法销售、使用或者出口的商品货值金额等值以上3倍以下罚款"，也就是说，这里的货值金额是违法行为所涉及的商品货值金额。那么，是不是只有这一条的货值金额要求是违法行为所涉及的商品货值金额，而其他几处的货值金额是整批商品的货值金额？尽管从法律条文的字面来理解，可以得出这样的结论，但从《进出口商品检验法》的立法目的来看，这样的结论未必合理。

《进出口商品检验法》的立法宗旨是加强进出口商品检验工作，规范进出口商品检验行为，维护社会公共利益和进出口贸易有关各方的合法权益，促进对外经济贸易关系的顺利发展。设定行政处罚的目的是打击和惩戒不如实申报、逃漏检等违法行为，罚款所涉货值的认定应当局限于应受法律保护但被违法行为所"侵害"的货物范围，而不应扩大至没有被"侵害"的货物。尽管有些法律条款表述上没有对货值金额作出明确的界定，但是这些条款的立法释义中却明确规定了货值金额应为违法行为所涉及商品货值金额。如《进出口商品检验法实施条例》第四十四条、第四十五条在表述上使用了"货值金额"，但该两条的立法释义上却明确了货值金额是指"违法行为所涉商品货值金额"。因此，这起涉检行政处罚案件罚款所涉货值的认定应为上述须经法定检验的逃漏检货值10 050.68欧元。

当然，对于有些违法行为，如擅自调换经检验合格的出口商品的行为，其违法行为所指向的对象应当是被调换的部分商品，因为只有该部分商品存在质量风险。但是如果因为调换部分商品，导致整批商品的质量均存在风险，则"侵害"了整批商品质量，应认定为被调换的是整批商品。

综上所述，涉检行政处罚中的"货值金额"是违法行为所涉及的货值金额。在有些情况下，违法行为所涉及的货物为整批货物，该违法行为的所涉货值就为整批商品货值金额；但在有些情况下，违法行为所涉及的货物只是整批货物中的一部分，如果部分与整体之间不可分割，则该违法行为所涉货值应为整批商品的货值金额；当违法行为所涉及的货物只是整批货物中的一部分，且部分与整体之间可以分割时，违法行为所涉货值金额应为部分商品的货值金额，对于未与违法行为发生联系的商品，进行处罚时要注意区分。

第四节　进口食品未经检验擅自销售案

一、案情介绍

2019年9月11日，Z进出口有限公司以一般贸易方式向B海关申报进口一批干的碧根果（生，未去壳），商品编码为0802909040，检验检疫类别为P.R/Q.S，申报价格为150 000美元。同日，系统下达目的地检查指令。但Z进出口有限公司未经检验擅自将上述干的碧根果（生，未去壳）提离海关认可的场所，并将货物销售给T科技有限公司。经核，该批干的碧根果（生，未去壳）价值人民币105.65万元。

二、案件处理

Z进出口有限公司的行为已经违反《进出口商品检验法》第五条、第十二条以及《进出口商品检验法实施条例》第十六条第一款和《中华人民共和国进出口食品安全管理办法》（以下简称《进出口食品安全管理办法》）第三十一条第一款的规定。根据《进出口商品检验法》第三十二条、《进出口商品检验法实施条例》第四十二条之规定，该行为构成"将必须经商检机构检验的进口商品未报经检验而擅自销售……，由商检机构没收违法所得，并处货值金额百分之五以上百分之二十以下罚款；构成犯罪的，依法追究刑事责任"。B海关依法对Z进出口有限公司予以处罚。

三、案件分析

1. 正确理解"法定检验"定义

《食品安全法》第九十一条明确规定："国家出入境检验检疫部门对进出口食品安全实施监督管理。"第九十二条第二款规定："进口的食品、食品添加剂应当经出入境检验检疫机构依照进出口商品检验相关法律、行政法规的规定检验合格。"《进出口商品检验法实施条例》第四条明确规定："出入境检验检疫机构对列入目录的进出口商品以及法律、行政法规规定须经出入境检验检疫机构检验的其他进出口商品实施检验（以下称法定检验）。"根据以上规定，应当认定进口食品、食品添加剂属于法定检验范畴。

2. 注意把握进口食品提离的违法性和可罚性

依法行政是海关行政执法的首要原则，有法必依、违法必究是题中应有之义。除食品、木质包装及动植物产品等有相应的擅自运递罚则外，对于目的地检验指令未执行的非法检货物（不论是否已销售使用），以及目的地检验指令未执行但尚未销售使用的一般法检货物，并无罚则予以规制。实际执法中海关应当准确认定进出口商品属性、把握违法情节，以实现正确适用法律。若该批食品无后续擅自销售情节，则涉嫌违反《进出口食品安全管理办法》第三十一条第一款的规定，根据《进出口食品安全管理办法》第七十一条的规定，"未经海关允许，将进口食品提离海关指定或者认可的场所的，海关责令改正，并处1万元以下罚款"。

3. 准确使用处罚依据

如上所述，本案涉及"未经允许将进口食品提离海关认定场所"和"擅自销售或者使用未经检验的须经法定检验商品"两种违法行为。由于后者的处罚罚则更重，根据《行政处罚法》和《海关行政处罚程序规定》的规定，同一违法行为违反多个法律规范应当给予罚款处罚的，按照罚款数额高的规定处罚。B海关根据《进出口商品检验法》第三十二条、《进出口商品检验法实施条例》第四十二条的规定对Z公司进行了处罚。

4. 精准认定涉案案值

案件办理中，Z进出口有限公司一度声称涉案的25吨食品中仅使用3吨，剩余22吨在H市L区X工厂仓库存放，并提供了仓库入库单、出库单和库存表等为证，主张涉案金额应当认定为3吨食品对应部分。后经B海关调查核实，该票全部25吨食品已于不晚于2019年9月11日销售给T科技有限公司，所谓食品仅部分使用情况发生于全部25吨食品所有权业已转移之后，故而B海关认定Z进出口有限公司进口食品未经检验擅自销售的案值为全部25吨食品对应部分。

第五节　进口食品擅自提离案

一、案情介绍

2019年10月，杭州Y有限公司委托宁波X国际物流有限公司以一般贸易监管方式向海关申报进口一批腰果仁，商品编码为2008199990，检疫检验类别为P.R/Q.S，申报价格为68 400美元，集装箱箱号MRKU2646138。经查，该批货物在报关申报时，检验检疫审单结论为法定抽批规则抽批抽中，即需要检验检疫。杭州Y有限公司在该批货物未经检验检疫的情况下直接提货至工厂。其在取得检验检疫合格证明之前，未将该批货物存放在海关指定或者认可的场所，涉嫌违反进口食品安全管理规定。B海关对本案立案调查。

二、案件处理

杭州Y有限公司在该批货物取得检验检疫合格证明之前，未存放在海关指定或者认可的场所，已经违反《进出口食品安全管理办法》第三十一条第一款的规定。根据《进出口食品安全管理办法》第七十一条的规定，B海关对杭州Y有限公司予以处罚。

三、案件分析

本案案情相对简单，事实清楚，证据确实充分，法律关系清晰，应适用的法律依据明确。但本案具有一定的特殊性，实践中需要注意以下几个方面。

1. 法律分析

《汉书·郦食其传》云："王者以民为天，而民以食为天。"食品安全至关重要，而这份安全是"管"出来的。为了保障进出口食品安全，保护人类、动植物生命和健康，加强对进出口食品安全的监管，海关总署根据《食品安全法》及其实施条例、《海关法》、《进出口商品检验法》及其实施条例、《进出境动植物检疫法》及其实施条例、《国境卫生检疫法》及其实施细则、《中华人民共和国农产品质量安全法》和《国务院关于加强食品等产品安全监督管理的特别规定》等法律、行政法规的规定，制定了《进出口食品安全管理办法》。

杭州Y有限公司进口的腰果仁，属于法定检验检疫商品，但其在该批货物未取得检验检疫合格证明的情况下直接提货至工厂的行为，违反了《进出口食品安全管理办法》第三十一条第一款"进口食品运达口岸后，应当存放在海关指定或者认可的场所；需要移动的，必须经海关允许，并按照海关要求采取必要的安全防护措施"的规定，根据《进出口食品安全管理办法》第七十一条"未经海关允许，将进口食品提离海关指定或者认可的场所的，海关责令改正，并处1万元以下罚款"的规定，B海关对杭州Y有限公司予以处罚。

2. 案件启示

（1）有法必依、违法必究

在本案办理过程中，应当明确其中两个较为重要的问题，确保正确适用法律。一是区分食品、木质包装、动植物产品等和其他法检货物。《进出口食品安全管理办法》第三十一条第一款、第七十一条，《进出境动植物检疫法》第十四条第一款、第三十九条第二项，《进出境动植物检疫法实施条例》第六十条第一项分别对进口食品、木质包装、动植物产品等的擅自运递行为明确违法和处罚依据，而对于目的地检验指令未执行但尚未销售使用的其他法检货物，现有法律并未作出规定。二是区分法检货物和非法检货物。《进出口商品检验法》第五条、第十二条、第三十二条，《进出口商品检验法实施条例》第十六条第一款、第四十二条对进口法检商品目的地检验指令未执行而擅自销售使用的行为明确违法和处罚依据，并不涉及非法检货物。

（2）履责尽职，加强宣传

海关应当进一步加强食品安全监管。一是加强各部门沟通协调。相关部门应切实履行职责，积极探索各环节加强监管、预防违法的有效措施；二是加强检验检疫法律、法规知识的宣传教育，通过向食品进口相关企业和人员发放宣传资料、开展普法课堂等形式加大宣传力度；三是加强违规案件查处，要切实加强防范意识，对发现未按要求实施检疫、擅自调离等违法违规行为依法进行查处，树立海关严格执法的权威形象。

第六节　未经检验擅自出口法检商品案

一、案情介绍

2019年10月中旬，某外商在浙江义乌市场采购一批商品后，以杭州A生物科技公司（以下简称"A公司"）名义，申报了品名为铁质钢丝球、塑料衣架、尿素等商品，从Y口岸出口至英国。A公司未依法将该批出口商品报经检验。该批出口商品2 044箱（包），品名共20余种，大部分是非法检商品。D海关经调查和检测鉴定发现，该票货物中的尿素，商品编码为3102100090（检验检疫类别为M/N），属于出口法定检验商品，共计157袋，货值20 778.29元。

二、案件处理

A公司擅自出口未经检验的属于法定检验商品的行为，违反了《进出口商品检验法》第五条、第十五条以及《进出口商品检验法实施条例》第二十四条第一款的规定。根据《进出口商品检验法》第三十二条和《进出口商品检验法实施条例》第四十三条的规定，D海关依法对A公司给予罚款的行政处罚。

三、案件分析

本案是一起典型的擅自出口未经检验的属于法定检验商品的违法行为。此类违法行为在出口市场采购商品时具有一定代表性。一是采取"自买自卖"的贸易方式。贸易两头是外商，贸易关键是国内代理企业。出口货物由国外进口商在义乌等市场集散地自行采购组货，委托国内代理企业代为办理出口手续，此种模式为市场采购货物出口常态。二是"买壳"出口，实际货主"层层隐藏"。国外进口商联系代理出口公司并以代理出口公司名义报关，该代理出口公司是实际货主找的"外壳",此类代理出口公司大多为专门出售全套报关资料并以其名义报关出口为主业的"皮包公司"。"买壳"出口的模式为实际货主违法违规出口、规避责任提供了"保护外壳"。三是货物情况复杂。市场采购组货商品品种多,有的多达几十种甚至上百种;单项商品数量金额少,有的为外商自用;组货商品产地来源复杂,部分重要商品、食品等往往产自内销企业。

随着我国逐渐成为全球商品配送中心,市场采购出口配送商品国际贸易日益增长,海关如何适应实际贸易需求,确保我国出口商品的质量水平,建议如下:

第一,争取建立海关监管闭环,防范体制性风险。一是加强对申报为非法检出口商品实施口岸抽查,侧重于检查申报是否如实,是否存在夹带法检货物。二是对出口商品实施口岸定点查验,规定监管场库信息申报义务。三是建立健全逃检高发地区企业出口重点查验机制。

第二,加强与其他执法部门的合作联动,形成执法监管合力。海关要通过各种渠道加强与其他执法单位的合作,形成监管合力。例如,与市场监督管理部门协调建立定期通报、联合执法机制;与市场监督管理部门等建立政策协调机制,实现有关政策与国家进出口商品检验检疫制度统筹协调,维护国家外贸管理制度统一;与其他外贸管理部门建立违法失信信息共享机制。

第三,进一步完善检验检疫监管工作机制,寓管理于服务。市场采购商品来源广、种类杂,市场采购商品组货出口实际上是一种商品物流配送,对物流出运的效率也有较高要求。海关需提高监管效能和服务水平,以更好地适应新业态的要求,助推出口商品物流配送的发展。

第七节 擅自出口未报检的医用防护服案

一、案情介绍

2020年4月24日,A公司向J海关申报出口一票货物到德国,其中第一项品名为连体工作服(非医用),商品编码为6211339000,数量为4 480件,申报金额为94 528欧元。J海关执法人员在对该批货物查验中发现,货物标签上印有"符合中国医用一次性防护服标准""符合欧盟医用防护服标准"等字样,并且标有"中国医院在应对新冠疫情时多次使用"等字样,经综合判定该批货物实际为医用防护服。根据海关总署公告2020年第53号,自4月10日起,将医用防护服等11类出口医疗物资纳入法定检验商品。本案中,该企业未将出口的属于法检商品的医用防护服向J海关进行报检,存在违法违规出口医疗物资的行为。

二、案件处理

A公司擅自出口未报检的属于法定检验的医用防护服,已经违反了《进出口商品检验法》第五条、第十五条以及《进出口商品检验法实施条例》第二十四条第一款的规定,根据《进出口商品检验法》第三十二条和《进出口商品检验法实施条例》第四十三条的规定,J海关依法对A公司予以处罚。

三、案件分析

1. 本案的特殊背景

2020年年初,新冠疫情发生,并在全球呈加速扩散蔓延态势。在做好自身疫情防控的基础上,有序开展医疗物资出口是深化疫情防控国际合作、共同应对全球公共卫生危机的重要举措。中国出口防疫物资数量的持续增长,为国际社会共同抗击疫情提供了巨大支持和强力保障,体现了中国负责任大国的担当。在疫情防控特殊时期,为有效支持全球抗击疫情、保证产品质量安全、规范出口秩序,海关总署会同商务部、国家药品监督管理局发布《关于有序开展医疗物资出口的公告》,要求自2020年4月1日起,出口新冠病毒检测试剂、医用口罩、医用防护服、呼吸机、红外体温计的企业向海关报关时,须提供书面或电子声明,承诺出口产品已取得我国医疗器械产品注册证书,符合进口国(地区)的质量标准要求。海关凭药品监督管理部门批准的医疗器械产品注册证书验放。同时在2020年4月10日,海关总署公告2020年第53号发布,将11类出口医疗物资(包括医用防护服)纳入法定检验,全面强化医疗物资出口监管。

2. 本案的典型意义

此案是海关总署2020年第53号公告发布后,J海关在打击出口医疗物资违法违规活动中查获的典型案件。对A企业违法出口医疗物资行为的查处,提高了企业违法成本,起到了良好的警示作用,切实规范了医疗物资出口的秩序。

在疫情防控特殊时期,出口医疗物资的质量,不仅关乎国内生产经营企业的声誉利益和国外消费者的健康财产安全,关乎中国产品在国际市场的形象,更关乎中国的国际形象。因此,为确保出口医疗物资的质量,需要相关进出口企业、海关等共同努力。

对进出口企业来说,要加强对检验检疫法律法规及最新政策的学习,遵守相关规定,强化质量安全主体责任人意识,确保产品质量安全,符合相关标准要求。

对海关来说,要多措并举,加强医疗物资出口监管。要严格审核、强化监管、提高布控查验比例,积极运用技术手段加强对出口医疗物资检测,对伪报、瞒报、夹藏等企图逃避海关监管的违法行为,依法予以严厉打击;同时要对出口医疗物资违法企业采取惩戒措施,让违法者"一处失信,处处受限"。具体来说,一是企业被行政立案调查,正在申请认证高级别信用等级的,海关将中止认证;处罚决定作出后,处罚信息将作为企业信用管理的依据,被降为失信企业的,海关将对其进出口货物采取高查验率、高稽核查频次等惩戒措施。二是企业违法被行政处罚或追究刑事责任后,海关根据国家信用体系建设的要求,将被处罚企业的违法信息归集到信用信息共享平台,由相关部门开展协同监管或联合惩戒。包括限制申请配额、限制申请国家财政资金支持、限制参与政府采购活动以及限制向金融机构贷款等。三是加大对被处罚单位违法情事的曝光力度,及时在海关官方网站和地方信用网站公开相关处罚信息,使违法者无处遁形。

第八节　出口危险化学品逃避检验案

一、案情介绍

2020年5月,湖州M进出口有限公司向海关申报出口一批含酒精洗手液,商品编码为3808940090。经检测确定,该批洗手液属于《危险化学品目录》(2015版)列明的化学品,同时符合《危险化学品目录》(2015版)关于"危险化学品的定义和确定原则"。根据《进出口商品检验法实施条例》第四条第一款、《危险化学品安全管理条例》第六条第三项的规定,《危险化学品目录》中列明的化学品,属于需法定检验的出口商品。但该批洗手液未在产地海关申报实施出口商品检验,存在逃避出口商品检验嫌疑,B海关对本案立案调查并实施处罚。

二、案件处理

湖州M进出口有限公司未将洗手液向海关申报检验就擅自出口的行为,违反了《进出口商品检验法》第五条、第十五条和《进出口商品检验法实施条例》第二十四条第一款的规定。根据《进出口商品检验法》第三十二条、《进出口商品检验法实施条例》第四十三条的规定,B海关对湖州M进出口有限公司予以处罚。

三、案件分析

本案主要有下面两个值得注意的问题。

1.《危险化学品目录》(2015版)所列的2 828项商品是否全部属于法检商品

关于这一问题目前主要存在以下两种观点:

(1)按照《危险化学品安全管理条例》和《进出口商品检验法实施条例》

第四条"出入境检验检疫机构对列入目录的进出口商品以及法律、行政法规规定须经出入境检验检疫机构检验的其他进出口商品实施检验"的规定,《危险化学品目录》(2015版)内的2 828项商品均需要实施检验监管。

(2)不需要全部实施检验监管,只需对270种危险化学品实施检验监管。《危险化学品目录》(2015版)所列的2 828项商品,其中270种危险化学品在必须实施检验的进出口商品目录内。根据《进出口商品检验法》第四条"由国家商检部门制定、调整必须实施检验的进出口商品目录(以下简称目录)并公布实施",第六条"必须实施的进出口商品检验,是指确定列入目录的进出口商品是否符合国家技术规范的强制性要求的合格评定活动"的规定,《危险化学品目录》(2015版)所列的2 828项商品只有通过《进出口商品检验法》转化为对外公布目录才能真正成为列入法检目录的商品。原国家质检总局、海关总署发布的2011年第203号联合公告、2013年第185号联合公告、2015年第165号联合公告三个公告,将270种危险化学品列入了法检目录。因此,只有上述270种危险化学品须实施检验监管。另外,海关新一代查管系统只对公告过的法检商品要求企业申报时必须提供电子底账,非医用含酒精洗手液并未包含在内。

综合目前的法律法规规定和进出口商品检验的目的和原则,《危险化学品目录》(2015版)所列的2 828项商品均需要实施检验监管。《进出口商品检验法实施条例》和《危险化学品安全管理条例》是对《进出口商品检验法》相关细则作出的更加具体的规定,在实践中给出了更加具体的指导。根据《进出口商品检验法实施条例》第四条的规定,可以认定《危险化学品目录》(2015版)所列的2 828项商品均需要实施检验监管。

2. 是否应立案调查

关于本案是否需进行立案调查,存在两种不同观点:

(1)不需要立案调查。含酒精洗手液不论是医用还是非医用,都是在38089400项下申报,其主要区别在于医用申报为3808940010,非医用申报为3808940090。根据海关总署公告2020年第53号,明确出口医疗物资在口岸实施查验环节布控,不需要实施产地检验,据此企业误认为本案洗手液不需要实施产地检验,主观上无逃避检验的故意,属于情节显著轻微的情形。

(2)需要立案调查。《危险化学品安全管理条例》第三条规定:"本条例所称危险化学品,是指具有毒害、腐蚀、爆炸、燃烧、助燃等性质,对人体、设施、环境具有危害的剧毒化学品和其他化学品。"第六条第三项规定:"质量监督检验检疫部门……,负责对进出口危险化学品及其包装实施检验。"第九十八条第一款规定:"危险化学品的进出口管理,依照有关对外贸易的法律、行政法规、规章的规定执行"。《进出口商品检验法实施条例》第四条第一款规定:"出入境检验检疫机构对列入目录的进出口商品以及法律、行政法规规定须经出入境检验检疫机构检验的其他进出口商品实施检验（以下称法定检验）。"《进出口商品检验法》第五条第一款规定："列入目录的进出口商品，由商检机构实施检验。"第十五条规定："本法规定必须经商检机构检验的出口商品的发货人或者其代理人，应当在商检机构规定的地点和期限内，向商检机构报检……"第三十二条规定："违反本法规定，将必须经商检机构检验的进口商品未报经检验而擅自销售或者使用的，或者将必须经商检机构检验的出口商品未报经检验合格而擅自出口的，由商检机构没收违法所得，并处货值金额百分之五以上百分之二十以下的罚款；构成犯罪的，依法追究刑事责任。"本案所涉及的洗手液符合前述条款的规定，因此应当对其进行立案调查。

本案中涉案洗手液数量较大，且根据技术中心测定闭杯闪点≤60℃，明显具有燃烧、助燃性质，属于出口需经法定检验的商品，根据《进出口商品检验法》第十五条和第三十二条的规定，需要进行立案调查。

第九节　出口危险化学品未报检案

一、案情介绍

2022年4月26日，义乌市A进出口有限公司（以下简称A公司）委托浙江B报关代理有限公司以市场采购监管方式向海关申报出口固体胶水、胶棒、胶水等商品12项，固体胶水、胶水的商品编码为3506100090，检验检疫类别无。经Z海关查验并经技术中心检测鉴定，该固体胶水（包含PVC-U胶水、AB胶2种商品）、胶水属于《危险化学品目录》（2015版）列明的危险化学品。根据《进出口商品检验法实施条例》第四条第一款、《危险化学品安全管理条例》第六条第三项的规定，上述涉案货物属于法定检验的出口商品，当事人未依法向海关报检。

二、案件处理

A公司擅自出口未报检的属于法定检验的固体胶水、胶水的行为违反了《进出口商品检验法》第五条、第十五条以及《进出口商品检验法实施条例》第二十四条第一款的规定，根据《进出口商品检验法》第三十二条及《进出口商品检验法实施条例》第四十三条的规定，Z海关依法对A公司予以处罚。

三、案件分析

关于法定检验商品的认定。《进出口商品检验法实施条例》第四条规定："出入境检验检疫机构对列入目录的进出口商品以及法律、行政法规规定须经出入境检验检疫机构检验的其他进出口商品实施检验。"自 2011 年 12 月 1 日起施行的《危险化学品安全管理条例》（国务院令第 645 号）第六条第三项规定，检验检疫部门负责对进出口危险化学品及其包装实施检验。《关于进出口危险化学品及其包装检验监管有关问题的公告》（海关总署 2020 年第 129 号）也对此予以明确。本案涉案商品固体胶水和胶水虽然不在《出入境检验检疫机构实施检验检疫的进出境商品目录》内，但仍属于《危险化学品目录》（2015版）列明的化学品，符合《进出口商品检验法实施条例》对于法定检验商品的定义，属于法定检验商品。

关于违法原因分析。发生擅自出口未报检的属于法定检验的危险化学品的违法行为，一般有两种情况。一种是不了解出口危险化学品检验检疫法律法规，在不知情的情况下发生违法行为。本案中 A 公司接受阿尔及利亚客户委托为其出口货物。因该批货物为外国客户自行在义乌小商品市场采购，A 公司不清楚商品具体情况。同时，因 A 公司单证人员对出口危险化学品检验检疫法律法规不熟悉，将危险化学品按照普通货物进行申报，导致未履行报检义务而被处罚。另一种是明知货物属于危险化学品，需要进行出口法定商品检验，但是由于国外客户催促、利益驱使等原因，发货人或经营单位抱着侥幸心理，利用出口危险化学品检验检疫类别和法定检验商品规定的不对应，试图闯关。

对此，一方面，企业应对员工加强检验检疫法律法规知识培训，提高员工业务能力，确保与客户沟通顺畅，遇到问题时及时向海关咨询，避免因工作疏忽导致违法行为的发生。另一方面，海关继续加强检验检疫法律法规宣传工作，利用门户网站、微信公众号、企业调研等多种途径，及时将最新法律法规向企业进行宣传；同时，加大出口危险化学品的检验监管力度，对擅自出口未报检或者未经检验的属于法定检验的出口商品的企业严肃查处，督促企业合法合规经营。

第十节　进口旧机电产品以旧报新案

一、案情介绍

2022 年 5 月 6 日，A 有限公司委托 B 物流有限公司向 D 海关申报进口一批铝合金压铸模具等货物（商品编码为 8480100000、8207209000、8466200000等），货值 52 万元。经海关现场查验发现，该批铝合金压铸模具有明显使用痕迹，但仍具备基本功能和一定的使用价值。根据《进口旧机电产品检验监督管理办法》第二条第二款第一项关于旧机电产品的定义，判定上述货物属于旧机电产品。根据《进出口商品检验法实施条例》第四条第一款、第二十二条第三款的规定，进口旧机电产品属于法定检验的进口商品。A 有限公司存在对法定检验的进口商品不予报检，逃避进口商品检验的违法行为。

二、案件处理

当事人在进口报关时将旧机电产品作为新设备申报，对法定检验的进口旧机电产品不予报检，逃避进口旧机电产品检验，违反了《进出口商品检验法》第十一条、《进出口商品检验法实施条例》第十六条第一款以及《进口旧机电产品检验监督管理办法》第十二条之规定，根据《进出口商品检验法》第三十二条、《进出口商品检验法实施条例》第四十三条及《进口旧机电产品检验监督管理办法》第二十五条的规定，D海关依法对A有限公司予以处罚。

三、案件分析

本案涉及的法律问题为行政处罚领域法律责任竞合的处理。新修订的《行政处罚法》于2021年7月15日施行，该法第二十九条增加了新内容："同一个违法行为违反多个法律规范应当给予罚款处罚的，按照罚款数额高的规定处罚。"该条在行政处罚领域首次确立了法条竞合与想象竞合的处理原则，即行政机关应当按照罚款数额高的规定进行处罚。根据《行政处罚法》第二十九条的规定，D海关结合本案案情依法对A有限公司予以处罚。

1. 认定A公司进口旧机电不如实申报和对法定检验的进口商品未申报的行为属于同一违法行为。同一违法行为，系指当事人基于一个故意或者一个概括的故意实施了违反法律规范的行为。同一违法行为应当包含内在意思决定、外在行为表现以及法律法规评价三个要件。从内在意思决定以及外在行为表现上看，本案中的A有限公司虽然存在不如实申报的行为和对法定检验的进口商品未申报的行为，但基于逃避进口商品检验的一个概括的故意，不如实申报是手段，逃避进口商品检验是目的，应当认定二者为同一违法行为。

2. A公司进口旧机电申报不实，违反多个不同法律规范，属于想象竞合，不适用法条竞合"三优先"的原则。想象竞合是指同一行为违反多个不同法律规范，但与法条竞合不同的是，"想象竞合的数个法条之间不存在必然的包容关系。"《进出口商品检验法》第十一条规定："本法规定必须经商检机构检验的进口商品的收货人或者其代理人，应当向报关地的商检机构报检。"《国境卫生检疫法》第四条规定："入境、出境的人员、交通工具、运输设备以及可能传播检疫传染病的行李、货物、邮包等物品，都应当接受检疫，经国境卫生检疫机关许可，方准入境或者出境。"根据《进口旧机电产品检验监督管理办法》第五条、第十二条的规定，旧机电产品为必须经法检的商品，同时又属于《国境卫生检疫法实施细则》第十条列明的废旧物，应当实施卫生检疫。A有限公司进口旧机电未申报的行为，同时构成对法定检验的商品不予报检，逃避进出口商品检验行为及进口旧货未向卫生检疫机关申报行为，违反了《进出口商品检验法》第十一条、《进出口商品检验法实施条例》第十六条、《进口旧机电产品检验监督管理办法》第五条和第十二条的规定，同时又违反了《国境卫生检疫法》第四条和《国境卫生检疫法实施细则》第四条、第十条的规定，分别侵犯了不同的法益。

3. D海关依法按照罚款数额高的规定对A公司作出处罚。根据《进出口商品检验法》第三十二条、《进出口商品检验法实施条例》第四十五条的规定，针对A有限公司对法定检验的旧机电产品不予报检，逃避进出口商品检验的行为，海关可以依法作出没收违法所得，并处商品货值金额5%以上20%以下罚款。根据《国境卫生检疫法》第二十条第一款第一项和《国境卫生检疫法实施细则》第一百零九条第十项、第一百一十条第三款的规定，A有限公司进口旧机电未向卫生检疫机关申报行为，海关可以依法作出5 000元以上3万元以下的罚款。本案中，进口旧机电产品的货值为52万元，显然海关依照《进出口商品检验法》《进出口商品检验法实施条例》作出的处罚罚款数额更高。最终，海关根据《进出口商品检验法实施条例》第四十五条及《进口旧机电产品检验监督管理办法》第二十五条的规定，决定对当事人科处货值10%的罚款。

海关在处理类似案件时，应当认真辨别违法行为违反的不同法律规定，并根据《行政处罚法》第二十九条的规定，选择罚款数额高的规定作出处罚。

第十一节　出口危险货物包装未经使用鉴定案

一、案情介绍

2021年6月27日，浙江X有限公司以一般贸易监管方式向海关申报出口一批电动自行车配件，商品编码为8714100090，检验检疫类别无，申报价格为14 764.8美元。经海关查验，实际货物中有锂电池60件未申报，应归入商品编码8507600090，检验检疫类别为M，经检测锂电池属于危险货物，其包装容器需经海关使用鉴定，且当事人无法提供锂电池的《出境危险货物运输包装使用鉴定结果单》。本案存在出口危险货物使用未经鉴定合格的包装容器嫌疑，B海关对本案立案调查。

二、案件处理

经调查，浙江X有限公司的行为违反了《进出口商品检验法》第十七条、《进出口商品检验法实施条例》第二十九条第二款的规定。根据《进出口商品检验法实施条例》第五十条第一款的规定，B海关依法对浙江X有限公司予以处罚。

三、案件分析

1. 法律分析

为保护人类健康和安全、保护动植物生命和健康、保护环境、防止欺诈行为、维护国家安全，《进出口商品检验法》第五条、《进出口商品检验法实施条例》第四条第一款明确赋予海关对进出口商品实施检验职责。针对危险品进出口环节，海关依法履行商品检验工作。2020年以来，海关总署连续下发《海关总署关于进一步加强监管严厉打击危险品伪瞒报的通知》和《海关总署关于明确查处危险品涉检违法行为有关事项的通知》，着力进一步规范危险品涉检违法行为查处工作，加大对其打击力度。

2. 违法原因

海关进出口商品检验以法检目录为主要抓手，行政相对人对此也习以为常，但主要不等于唯一。针对危险化学品及危险货物包装容器的检验监管，前者是通过《进出口商品检验法实施条例》第四条第一款、《危险化学品安全管理条例》第六条第三项加以规制；后者是通过《进出口商品检验法》第十七条、《进出口商品检验法实施条例》第二十九条第二款加以规制。有的企业对海关商品检验政策的认知止于法检目录，而对海关关于危险品监管的要求理解不充分、配合不到位是出现此类违法行为的主要原因。

3. 意见建议

危险品行业发展对于国民经济意义重大，海关对进出口化学品的检验监管工作承压是必然的，这项工作只能做好，也必须做好。为坚决打击伪瞒报危险品现象，一是要加强涉危商品监管政策宣传，注重引导进出口企业管理人员、报关从业人员充分认识危险品安全管理责任重如泰山，自觉在进出口环节主动如实申报；二是优化涉危案件查处机制，通过改进流程设计加速环节传递，打通一线查验快、线索移交快、押保退关快、立案处置快的危险品快速查处链条，在依法合规基础上最大限度减少涉案危险品滞港时间、缓解查验场地运转紧张态势、减轻企业额外负担；三是充分考量案件情节，宽严相济，对如实申报货物品名、能够及时办理退运或补办检验等有关手续的依法从轻处理，对以藏匿、伪报、瞒报等方式违规出口危险品的，依法从重处罚。

第十二节　不如实申报骗取优惠原产地证书案

一、案情介绍

A国际贸易有限公司（以下简称A公司）于2019年2月21日向Y海

关申请签发了一份中国—东盟自贸区优惠原产地证书（以下简称 FORM E 证书），并于 2 月 22 日领取该证书后寄给泰国客户。Y 海关于 2020 年 4 月进行产地证退证查询调查时发现，此份证书未如实申报出口发票号，遂进行立案调查。

经调查发现，A 公司于 2018 年 12 月 12 日向 Y 海关申请签发了一份中国—东盟自贸区优惠原产地证书，证书最后四位号为 0011，货物品名为螺母，总净重为 23 805.44 千克，货值为 FOB 31 274.75 美元。据 A 公司负责该业务的单证员陈述，2018 年 12 月 13 日领取该证书寄给泰国客户后，发现误将该证书第 11 栏进口国（地区）由泰国错报成菲律宾。A 公司未按规定将该份错误的 FORM E 证书从泰国寄回后申请更改，而是在原产地管理系统电子申报时，将出口发票号"PAL1811-259"修改为"PALI811-259"，在 Y 海关不知情的情况下，于 2019 年 2 月 21 日又申请办理了第二份 FORM E 证书，证书最后四位号为 0006，并于次日领取了该证书后寄给了泰国客户。

二、案件处理

A 公司的行为构成了《进出口商品检验法实施条例》第四十五条所指的"……不如实提供进出口商品的真实情况，取得出入境检验检疫机构的有关证单……"的违法行为。Y 海关根据《进出口商品检验法实施条例》第四十五条的规定，对 A 公司予以处罚。

三、案件分析

目前，海关签发的各类原产地证书包括非优惠原产地证书、普惠制原产地证书、优惠贸易协定原产地证书等类型。2004 年颁布的《中华人民共和国进出口货物原产地条例》（以下简称《进出口货物原产地条例》）和 2009 年颁布的《中华人民共和国非优惠原产地证书签证管理办法》（以下简称《非优惠原产地证书签证管理办法》），是办理非优惠性原产地证业务的执法依据，对涉及非优惠性原产地证业务的违法行为依照上述行政法规和规章予以处罚。与此同时，当前我国区域性优惠等原产地签证工作仍处于发展阶段，需要海关不断加强管理和完善相关制度，对优惠性原产地证书申报违法行为的执法依据，目前主要适用《进出口商品检验法实施条例》第四十五条"……不如实提供进出口商品的真实情况，取得出入境检验检疫机构的有关证单……"的规定。本案中，A 公司单证员申报错误后为了图省事擅自重新申领了一份优惠原产地证书，直接导致申报过程中违法行为的产生，A 公司对违法行为也供认不讳。但在实际办案过程中，由于《进出口商品检验法实施条例》规定的处罚金额是商品货值金额 5% 以上 20% 以下，有的因货值较大所以相应的处罚金额较大，很多企业有不理解情绪，接受度和配合度不高，需要执法人员做大量的解释说明工作。

相关启示：产地证不如实申报不仅会导致进口国（地区）海关的退证查询，进口清关工作大大延误，而且会给国外客户与企业自身带来不小的经济损失，教训深刻。关于产地证工作，建议出口企业做好以下几点：

一是稳定申领队伍。应尽可能保持产地证申领人员的相对稳定，增加其参加业务培训的机会，在日常工作中建立相应的校核机制，减少人为差错的发生。

二是加强单证管理。以签证机构了解的情况来看，产地证申报作为贸易的最末一环在企业并没有得到充分的重视：单证员为了方便，在没有了解货物真实情况下随意填制证书，或因客户要求随意篡改货物金额、商品编码等信息；企业对单证员缺乏有效的培训和监管，单证员流动频繁。往往当申报出现问题需要承担法律责任时，企业管理者才追悔莫及。

三是加强内外沟通。与国外进口商加强沟通，及时了解进口国（地区）海关核查动向；同时，在证书申报时不能无原则地一味迎合国外客户要求，应在如实申报的基础上确保证书内容与报关单证的一致性。贸易公司还应与生产厂家密切联系，认真核对所采购产品在生产过程中的原料来源，保证证书准确无误。

第十三节　进境木质包装擅自运递案

一、案情介绍

2020年7月，P科技有限公司以一般贸易监管方式向海关申报进口一批碳酸钙母粒，申报包装种类为木质包装。经查，该批货物在报关申报时，检验检疫审单结论为规则布控抽批抽中，即被抽中木质包装检疫查验。P科技有限公司在该批货物未经检验检疫的情况下直接提货至工厂，从而无法再提回检验检疫，其行为涉嫌未经海关许可擅自将进境木质包装移运，B海关对本案立案调查。

二、案件处理

P科技有限公司未经海关许可就擅自将上述未经检疫的木质包装运递的行为，已经违反了《进出境动植物检疫法》第十四条第一款的规定。根据《进出境动植物检疫法》第三十九条第二项、《进出境动植物检疫法实施条例》第六十条第一项之规定，B海关对P科技有限公司予以处罚。

三、案件分析

本案案情相对简单，事实清楚，证据确实充分，法律关系清晰，应适用的法律依据明确。但此类案件是海关处理的案件中占比较高的一类案件，具有较强的代表性和典型性，因此需要注意以下方面。

1. 木质包装的检疫要求

木质包装是用天然生长的木材或人工制造的木材制品作为材料的包装容器，主要用于进口机器设备的外包装或起固定作用的铺垫材料。其具有可腐可燃、易受虫害等缺点，往往会成为有害生物的寄主，在国际贸易往来中传带林木害虫。而植物线虫、林木害虫等有害生物的传入，可能造成我国大面积林木毁死，导致重大环境灾害及经济损失。因此，木质包装检疫成为各国（地区）入境检验检疫的一项重要内容，未检而入可能造成无法估量的灾难。我国进出境动植物检疫法律法规中均对其作出了严格的规定，以保障我国生物安全和人民健康。

《进出境动植物检疫法》第十四条第一款规定："输入动植物、动植物产品和其他检疫物，应当在进境口岸实施检疫。未经口岸动植物检疫机关同意，不得卸离运输工具。"本案当事人 P 科技有限公司作为上述木质包装货物的进口商，应当按照法律规定履行木质包装检疫的义务。但其在未经海关许可的情况下，将该批货物直接提至工厂，构成了擅自将进境木质包装移运的违法行为。

2. 违法原因分析及相关建议

本案当事人擅自将进境木质包装移运，究其原因有以下几个方面：一是进口商急于投入生产使用，无视检验检疫法律法规的相关要求，故意为之；二是收货人与货代、物流等沟通不畅，误以为已货物检疫完毕可以运递；三是有关企业和人员对木质包装检疫的重视程度不够，守法意识淡薄，不了解相关法律法规规定，存在"无知"的因素。

为此，应当采取相应措施，惩防并举，进一步规范进境动植物检疫监管。一是要加强检验检疫监管。相关部门应加强沟通协调，切实履行职责，积极探索各环节加强监管、预防违法的有效措施。二是要加强检验检疫法律法规知识的宣传。通过向动植物进口相关企业、货代等发放宣传资料、开展普法课堂等形式加大对外宣传力度。三是要加强违规案件查处。要切实加强防范意识，及时核对检疫信息，对发现未按要求实施检疫、擅自调离等违法违规行为依法进行查处，树立检验检疫严格执法的权威形象。同时，将已发生过同类型违规企业的行为和事实记录在案，通过加严查验、加重处罚，使企业真正重视入境木质包装检验检疫工作，将传播有害生物的风险拒于国门之外。

第十四节　进境木质包装未申报案

一、案情介绍

2021 年 7 月，B 贸易有限公司以一般贸易方式向 N 海关申报进口一批圆柱形滚子轴承（旧），申报包装种类为其他。同年7月，C海关执法人员根据指令要求对当事人进口货物进行目的地查检时，发现该批货物实际携带有木质托盘36个。经调查，B公司对进口货物包装情况没有关注，同时对相关规定不了解，导致上述进口货物存在木质包装未向海关申报检疫的违法行为。

二、案件处理

B贸易有限公司的行为违反了《进出境动植物检疫法》第十二条和《进出境动植物检疫法实施条例》第十八条的相关规定，构成未申报输入木质包装的违法行为，根据《进出境动植物检疫法》第三十九条第一项和《进出境动植物检疫法实施条例》第五十九条第一项的规定，C海关对B贸易有限公司依法予以罚款。

三、案件分析

本案案情相对简单，事实清楚，证据确实充分，法律关系清晰，应适用的法律依据明确，违法主体的主观状态亦为过失。但本案极具代表性和典型性，每年都会有较多的同类型案件发生。本案当事人B贸易有限公司因疏忽大意，在向海关申报进口货物时并没有关注包装种类，从而导致未申报进境木质包装这一违法行为。此外，进口企业对木包装携带有害生物的传播危害认识不足也是该类违法行为屡有发生的重要原因之一。

木质包装主要用于进口机器设备的外包装或起固定作用的铺垫材料。由于木质包装往往成为有害生物的寄主，木质包装传带林木害虫已日益成为国际贸易往来的一个严重问题，木质包装因此成为各国（地区）入境检验检疫的一项重要内容。木质包装未检而入，可能会造成植物线虫、林木害虫等有害生物传入，进而造成我国大面积林木毁死，导致重大环境灾害及经济损失。

分析本案的违法原因，与进口企业对木质包装检疫的重视程度不够和相关法律法规意识淡薄有极大关系。海关应通过加强检验检疫法律法规知识的宣传，树立海关严格执法的形象，并通过发放宣传资料、"以案释法"等形式加大对外宣传力度。

第十五节　空箱夹带货物逃避进境动植物检疫案

一、案情介绍

2020年9月24日，A运输公司向M海关申报进口一批空箱，同年10月10日，经M海关查验发现，其中有集装箱内装有豆粕，重量26 320千克，货值为9 698.92元美元，商品编码为2304001000（检验检疫类别为P/Q），属于应实施进口检疫的动植物产品，A运输公司对涉案货物未报检。

二、案件处理

A运输公司的行为违反了《进出境动植物检疫法》第十二条和《进出境动植物检疫法实施条例》第十八条的规定。根据《进出境动植物检疫法》第三十九条第一项和《进出境动植物检疫法实施条例》第五十九条第一项的规定，未报检或者未依法办理检疫审批手续或者未按检疫审批的规定执行的，处5 000元以下的罚款。M海关依法对A运输公司予以处罚。

三、案件分析

随着国际贸易快速发展，集装箱作为运输载体得到了更为广泛的应用。但由于贸易逆差、季节性变化等原因导致港口进出口箱量和箱型不平衡，大量的空集装箱调运进境在所难免。

实际中，进口空箱夹带货物的情况时有发生，主要原因为国外港口工人未将集装箱清理干净，或集装箱调运装卸出错等。因国外很多港口并没有装箱前空集装箱过磅要求，导致无法有效发现将装有货物的集装箱当成空箱装运的情况。这些情况加大了海关进口空箱监管的压力。

对于上述情况，海关需要提高监管效率。一是建立船代企业分类管理机制，即根据船代企业空箱申报准确率、空箱核查查获率等要素，对船代企业实施分类管理：对低风险、高诚信企业实施低核查率，对高风险、失信企业实施高核查率，体现守法便利原则。二是建立空箱风险布控机制，通过设置申报企业类别、启运港地区、重点航线等风险参数，对申报的空箱实施风险分析，提高高风险空箱核查率，加强空箱查验的针对性、有效性。三是建立空箱随机布控机制，即通过空箱管理系统对申报的空箱实施随机核查，减少人为操作因素，有效防范风险。四是充分利用科技手段，以卡口地磅为突破口，在进口空箱出卡口环节增加空箱称重比对功能，对所有出卡口空箱进行重量比对，通过备案车辆自重与设置合理误差范围，根据地磅称重数据判断空箱夹带嫌疑，从而实现对进口空箱的全面监控。

第十六节 出境动植物产品未申报检疫案

一、案情介绍

2020年8月底，某外商在浙江金华某市场采购一批商品后，以义乌A进出口公司（以下简称A公司）名义，伪报其中一种品名塑料菜板企图逃避动植物检疫出口至比利时。D海关在现场查验时发现，该批报关货物用集装箱装载商品857箱，有玻璃糖罐、塑料餐垫、画框等共8种商品，核对报关单信息发现申报的塑料菜板实际为竹菜板。A公司实际上知道该货物需要进行动植物检疫，此次虚假申报是因为检疫需要一定时间，于是贪图方便不予申报。这是一起典型的通过向海关伪报品名逃避检疫的违法行为。

二、案件处理

该公司伪报品名逃避动植物检疫的行为，违反了《进出境动植物检疫法》第二十条第一款的规定。根据《进出境动植物检疫法》第三十九条第一项和《进出境动植物检疫法实施条例》第五十九条第一款第一项的规定，D海关依法对A公司予以处罚。

三、案件分析

该案是典型的通过向海关伪报品名的手法，逃避动植物检疫监管的违法行为。实务中，很多企业故意将应实施出口检疫的货物虚假申报为材料性质不明无须检疫的商品编码和商品名称，以此避开动植物性质进行出口报关。

比较常见的利用商品编码和商品名称规避材料特性。商品分类原则是按原料来源，结合其加工程度、用途及所在的工业部门编排，由于商品的种类和性质的复杂性，很多商品按用途划分并不考虑其所使用的原料。但这些商品如果不属于实施进出口商品检验的商品，却是用动植物源性材料制作的，也很有可能需要实施进出境动植物检疫。《进出境动植物检疫法》第二十条规定，货主或者其代理人在动植物产品出境前向口岸动植物检疫机关报检。因此，出入境的动植物产品，都必须在出入境前申报检疫。

本案涉案货物竹菜板，属于厨房用具，是竹木草制品，商品编码应为4419110000。当事人却故意将其虚假申报为商品编码3924100000（商品名称描述为塑料制餐具及厨房用具）、商品名称"塑料菜板"，直接向海关报关出口。D海关对其未报检的违法行为，依法予以处罚。

第十七节　擅自调离进境隔离检疫的罗汉松案

一、案情介绍

2020年5月，A进出口公司从日本进口一批罗汉松，数量共6株，金额总计约264万日元。M海关指定A进出口公司将罗汉松运至隔离圃进行后续隔离种植。

2020年5月15日，M海关进行隔离检疫时在该批罗汉松隔离方案所示区域未见该批罗汉松。经调查发现，A进出口公司未经允许，已于5月13

日擅自将上述6株罗汉松提离隔离圃，运至A进出口公司位于金华市的苗圃种植。

二、案件处理

A进出口公司擅自调离进境隔离检疫的罗汉松的行为违反了《进出境动植物检疫法》第十四条第二款、《进出境动植物检疫法实施条例》第五十四条的规定，根据《进出境动植物检疫法》第三十九条第三项和《进出境动植物检疫法实施条例》第六十条第二项的规定，擅自调离或处理在口岸动植物检疫机关指定的隔离场所中隔离检疫的动植物的，由口岸动植物检疫机关处3 000元以上3万元以下罚款。M海关对A进出口公司依法予以处罚。

三、案件分析

1. 罗汉松的检疫要求

根据《进出境动植物检疫法》及其实施条例的要求，国务院设立动植物检疫机关，统一管理全国进出境动植物检疫工作。本案当事人作为上述6株罗汉松的进口商，应当按照法律规定，事先提出申请，办理检疫审批手续；需隔离检疫的，在口岸动植物检疫机关指定的隔离场所检疫。但本案当事人在未获得相应许可的情况下，将罗汉松移出隔离圃并运往金华市苗圃种植，构成了擅自调离在口岸动植物检疫机关指定的隔离场所中隔离检疫的动植物的违法行为。

《关于进口罗汉松植物检疫措施要求的公告》中规定，罗汉松到达中国指定入境口岸后，出入境检验检疫机构应实施进境植物检疫，经检疫合格后，罗汉松应在检验检疫机构考核认可的隔离圃隔离种植至少6个月，隔离圃应建立相关档案和记录。出入境检验检疫机构对进境罗汉松进口、接卸、运输、隔离种植等实施检验检疫监管。

2. 违法原因分析及相关建议

本案当事人擅自调离进境隔离检疫罗汉松，究其原因有以下几个方面：一是罗汉松隔离检疫期间会产生一定的维护费用，企业因成本增加而不愿意遵守隔离规定；二是企业认为隔离期限长、程序烦琐，加上急于销售，因而擅自将隔离罗汉松拉走出售；三是有关企业缺乏对法律法规以及相关政策的了解，法律意识淡薄。

随着经济的发展，人民生活水平不断提高，大家对于高端苗木和特殊品种苗木的需求不断增加，进口苗木也越来越多地进入国内市场。由于进口苗木携带有害生物的风险较高，甚至有些植物本身就是入侵物种，若处理不当会破坏本地生态系统，更可能危害我国农林业生产安全和生态环境安全。

因此，为进一步规范进境植物隔离检疫监管，一方面，要加强隔离检疫监管。切实履行职责，监督隔离场地完善进出圃台账等溯源记录，并于隔离期满前及时反馈隔离检疫结果。同时加强对违规案件的查处力度，对发现未按要求实施隔离检疫、擅自调离未完成隔离期限植物等违法违规行为的，要依法及时进行处罚。另一方面，要加强政策法规的宣传。广泛宣传检验检疫相关的法律法规，增强社会大众遵纪守法的意识。

第十八节　擅自运递进境罗汉松案

一、案情介绍

2020年12月16日，A园林公司经B口岸进口1批罗汉松，原产地为日本，数量共50株，金额总计约1 440万日元。经F海关现场检疫处理合格后，指定该公司将罗汉松运至隔离圃进行后续隔离检疫。

同年12月23日，F海关在指定苗圃内未发现该批罗汉松，经调查，该批罗汉松未按要求运至苗圃，而是通关后直接交付给了客户。

二、案件处理

A园林公司未经海关许可，擅自将进境罗汉松运递，其行为违反了《进出境动植物检疫法》第十四条第一款的规定。根据《进出境动植物检疫法》第三十九条第二项及《进出境动植物检疫法实施条例》第六十条第一项的规定，未经口岸动植物检疫机关许可擅自将进境、过境动植物、动植物产品和其他检疫物运递的，由口岸动植物检疫机关处3 000元以上3万元以下的罚款，F海关对A园林公司依法予以处罚。

三、案例分析

1. 监管建议

进境动植物、动植物产品存在携带病虫害的危险，因此必须经检疫合格后才能进境。我国进出境动植物检疫法律法规中均对此作出了严格规定，以保障我国生物安全和人民健康。根据《进出境动植物检疫法》及其实施条例的要求，口岸动植物检疫机关对进出境动植物、动植物产品的生产、加工、存放过程实行检疫监督制度。本案当事人作为上述罗汉松的进口商，应当按照法律规定，履行向口岸动植物检疫机关如实报检并依法进行检疫隔离的义务。但其在未告知口岸动植物检疫机关也未获得相应许可的情况下，将罗汉松擅自运递，构成了未经口岸动植物检疫机关许可，擅自将进境的动植物运递的违法行为。

近年来，国内市场对进口罗汉松需求旺盛，虽然检疫处理程序十分严格，但活体进口罗汉松仍存在不少隐患。进口罗汉松树皮、枝叶及其携带的土壤中可能携带真菌、细菌和害虫等，处理不当会引起重大疫情，破坏国内生态环境安全和农林业生产，甚至对人们的日常生活造成威胁。为此，口岸动植物检疫机关应采取措施，进一步规范进境植物隔离检疫监管。一是要加强部门沟通协作。进境罗汉松需跨部门实施隔离检疫，口岸检疫部门与隔离监管部门应强化信息沟通，进一步完善检疫监管无缝对接。二是要加强隔离检疫监管。隔离监管部门应切实履行职责，监督隔离场地要做好入圃隔离植物的标识，完善进出圃台账等溯源记录，并于隔离期满前及时向口岸反馈隔离检疫结果。三是适当提高违法成本，让存在侥幸心理的企业望而却步。

2.法律适用

对本案适用《进出境动植物检疫法实施条例》第六十条第一项还是第二项存在争议。

《进出境动植物检疫法实施条例》第六十条第一项规定为"未经口岸动植物检疫机关许可擅自将进境、过境动植物、动植物产品和其他检疫物卸离运输工具或者运递的"；第六十条第二项规定为"擅自调离或者处理在口岸动植物检疫机关指定的隔离场所中隔离检疫的动植物的"。本案中，该批苗木一部分被运至江苏、一部分被运至安徽，尚未进入隔离苗圃即被处理。一种观点认为，这种行为破坏了隔离检疫的秩序，应当以第六十条第二项予以处罚；另一种观点认为，苗木并未进入隔离场所，因此无法构成调离或者处理隔离场所中检疫物的违法要件。经研究论证，最后F海关采纳了第二种观点，因为A园林公司的行为已经明确构成了《进出境动植物检疫法实施条例》第六十条第一项擅自运递的行为，所以以第六十条第一项予以处罚更为适宜。

第十九节　伪造出境木质包装除害处理标识案

一、案情介绍

2019年12月9日，X海关接到线索举报，有不法人员在辖区内伪造其他公司出境货物木质包装除害处理IPPC标识的出境货物木质托盘。2019年12月10日在该辖区内的一个厂房中，X海关当场查获IPPC标识烙印机一台和部分经过伪造的木质托盘。

二、案件处理

该公司在未取得除害处理标识加施资格的情况下，伪造出境货物木质包装除害处理标识，用于加施在自产木质托盘上，并以此牟利。该行为违反了《进出境动植物检疫法实施条例》第六十二条第二项的规定。X海关根据该规定，对当事人作出罚款处罚。

三、案件分析

出境货物木质包装应当按照国际木质包装检疫措施标准（IPPC）《出境货物木质包装检疫处理管理办法》的规定进行除害处理，并加施 IPPC 专用标识。同时，根据《出境货物木质包装检疫处理管理办法》，对木质包装实施除害处理并加施标识的企业应当向所在地检验检疫机构提出除害处理标识加施资格申请并提供相关材料。经检验检疫机关考核通过后，颁发除害处理标识加施资格；未取得资格证书的，不得擅自加施除害处理标识。本案中的违法企业就是在未取得资格证书的情况下，擅自对木质包装加施除害处理标识，且实际未对木质包装进行任何除害处理。违法企业负责人在接受调查时表示，并不清楚相关法律法规及申请流程。由此可见，相关企业和个人法律意识淡薄，对实施 IPPC 标识管理的重要性缺乏正确认识。

本案中，当事人伪造 IPPC 标识，且未对木质包装进行任何实质性的除害处理。该木质包装随货物流向国外后，极有可能导致我国的物种甚至相关疫情跨境传播，对其他国家（地区）的生物安全造成威胁，进而导致该贸易国家（地区）加强对我国货物的检疫监管，甚至禁止我国货物入境，给我国贸易造成不良影响，给相关企业造成较大的经济损失。

近年来我国对外贸易迅速发展，出境货物木质包装需求量日益增大，相关问题日趋凸显。原因主要有：一是违法所需的工具极易获得。本案中企业违规使用的标识加工工具为网购所得，相关类似产品在网络上常年有所售卖。二是相关监管部门查发难度大。IPPC 标识样式虽有明确规定，但却没有有效的防伪手段，伪造的标识被发现的概率很低。本案中的标识与有资格的企业加施的标识很难从外观上加以区分，查发难度较大。三是相关企业和个人的法律意识淡薄，对相关法律法规不够了解，没有认识到相关行为的危害及要面临的处罚。

为了避免此类案件再次发生，一是相关部门要加强对网络销售平台的管理，对于一些明显向企业出售违法违规工具、物品的销售商要予以监管、处罚，甚至是取消其销售资格；二是检验检疫部门要对除害处理加施企业开展全面的日常监管，要求相应的记录做到溯源完整、链条清晰；三是应加强对相关企业和个人的宣传教育，让其了解相应的法律法规、行业标准，明确违法违规所造成的后果及相应的处罚，要求企业合法经营。

第二十节 伪造熏蒸/消毒证书案

一、案情介绍

2022 年 3 月 18 日，C 贸易有限公司以一般贸易监管方式向海关申报出口一批旧床上用品，集装箱号为SEGU4417136，商品编码为6309000000，检验检疫类别无，上述货物出境需经卫生检疫机关实施卫生处理。同年3月21日，B海关对该票旧床上用品进行实货查验并根据其污染程度作出熏蒸消毒决定，C贸易公司的报关员旋即出具"熏蒸/消毒证书"，现场查验关员经仔细辨认后发现证书中授权签字人"李某"实系伪造，据此向报关员提出疑问，其在事实面前不得不承认发货人为赶船期伙同其弄虚作假伪造证书的行为。本案存在伪造熏蒸/消毒证书嫌疑，B海关对案件立案调查。

二、案件处理

C贸易有限公司的行为构成《国境卫生检疫法实施细则》第一百零九条第四项规定的"伪造检疫单、证"行为。根据《国境卫生检疫法实施细则》第一百零九条第四项、第一百一十条第一款的规定，应处以警告或者100元以上5 000元以下的罚款。B海关依法对C贸易有限公司予以处罚。

三、案件分析

1. 法律分析

为防止传染病由国外传入或者由国内传出、保护人体健康，法律明确赋予海关实施国境卫生检疫职责。《国境卫生检疫法实施细则》第十条、第五十六条明确规定，出境的废旧物在到达口岸的时候，代理人或者货主必须向卫生检疫机关申报并接受卫生检疫；卫生检疫机关对其根据污染程度，分别实施消毒、除鼠、除虫乃至销毁；海关凭卫生检疫机关签发的卫生处理证明放行。可以说，针对出境废旧物品的检疫监管措施，法律依据充分、技术手段完备。

2. 违法原因

随着我国进出口总额屡创新高，运费也一再攀升，一箱难求、舱位紧张是客观存在的情况。相较于卫生处理仅数百元的经济成本，企业对于熏蒸流程的时间成本更加敏感和在意。本案中，企业虽然明知出境废旧物须向海关申报并接受卫生检疫，但是在面临船期将误、下个航次远在半个月之后的境地时，还是铤而走险伪造了"熏蒸/消毒证书"。

3. 意见建议

卫生处理是海关履行卫生检疫职能的重要手段，"熏蒸/消毒证书"属于国家机关证件，此类涉证违法行为严重影响卫生检疫制度措施的有效落地，扰乱正常的检疫监管秩序，损害海关良好的社会形象。为坚决遏制此类现象，一是要加强政策法规宣传。海关应广泛宣传检验检疫相关法律法规，培育社会大众的遵纪守法意识，特别是抓住报关从业人员这个关键人群，引导进出口企业相关人员谋事在前，牢固树立依法接受卫生检疫观念，准确把握卫生检疫流程，充分估计卫生处理周期。二是要加大违法惩治力度。企业向来以盈利为导向，卫生处理费用甚至成案后罚款金额，相较于企业骗过海关赶上船期的收益，不足以形成威慑。海关要通过锤炼一线查验人员业务技能，使他们练就"火眼金睛"提高发现问题的能力，对问题发现一起查处一起，对具有深挖扩线价值的线索尝试移交地方公安机关追究其刑事责任，切实提高企业的违法成本，形成打击此类案件的高压态势。

第二十一节 入境船舶不如实申报船员健康状况案

一、案情介绍

2020年4月，A船舶公司一艘马耳他籍B轮船从韩国釜山出港，计划靠泊某码头。在靠泊前向海关提交航海健康申报等信息时，申报船员健康状况无异常。该船抵达入境口岸后，D海关执法人员在对其实施登临检疫时发现，1名外籍船员的"健康申明卡"填报了最近14天内有出现"发热""鼻塞""流涕"症状，该船《医疗日志》上也有该名船员入境4天前用药治疗记录。随后，D海关执法人员对全体船员进行了体温检测，发现该船员仍有发热（水银体温计腋下温度显示为37.5℃）、鼻塞、流涕现象，又进一步采集了该船员的鼻咽拭子和末梢血送实验室进行检测，核酸检测最终结果显示为阴性。另经调查发现，该船外籍船长C和A船舶公司均知晓该船员有发热等症状，也都了解国际航行船舶在航行期间如有船员出现发热、干咳、乏力等疑似新冠肺炎症状的，需要如实向海关报告。但由于该船员在药物治疗后体温一直保持稳定，故没有引起重视，导致入境前未按规定如实申报。

二、案件处理

A船舶公司的行为已违反了《国境卫生检疫法实施细则》第二十八条第一款第三项的规定，即不如实申报船员健康状况。D海关根据《国境卫生检疫法实施细则》第一百零九条第四项和第一百一十条第一款规定，依法对其予以处罚。

三、案情分析

本案主要涉及两个法律问题：处罚对象的确定和违法行为性质的认定。

1.处罚对象的确定

根据《行政处罚法》规定，责任主体按性质可分为公民、法人或其他组织三种。任何一个主体要成为法律规范调整对象，其前提条件是具备对自己所实施违法行为独立承担责任的法定行为能力。

本案中，虽然《国境卫生检疫法实施细则》第二十八条的规定是以船舶为对象提出申报要求，但B轮船作为一种"物"，既非公民、法人，亦非其他组织，不具备自己的人格和财产，无能力承担行政法律责任，不能作为处罚对象。国际航行船舶在航行、停泊期间严格落实船长负责制。船长C作为自然人，具有承担法律责任的能力，且在明知船员有发热、鼻塞、流涕等症状，可能患有新冠肺炎，具有极大传染风险的情况下，没有在入境前如实向海关申报船员健康状况，也可以成为违法责任主体。但结合语言、船舶离港时间限制、文书送达等有利于案件执行原则和需要，本案责任主体应为A船舶公司。A公司具备法人资格，能独立承担法律责任，且作为B轮船的所有人和承运人，A公司对船员健康状况负有监测和报告义务。虽然知晓入境船舶上有发热病人应及时向海关汇报的要求，但由于疫情防控意识淡薄，忽视了入境船舶规范申报的重要性，导致最终未按规定如实申报。A公司也充分认识到自身工作失误，自觉接受处罚。

综上所述，D海关将A公司认定为本案处罚对象。

2.违法行为性质认定

为严防境外新冠疫情经水路输入，海关要求所有入境船舶在抵港24小时前（航程不足24小时，驶离上一口岸时）提交航海健康申报等信息，对航行期间有船员出现发热、干咳、乏力等疑似症状的，应及时向海关报告。2020年3月6日，包括海关总署在内的五部门联合印发《关于进一步加强国境卫生检疫工作 依法惩治妨害国境卫生检疫违法犯罪的意见》，强调要进一步规范国境卫生检疫执法活动，从严管控、从严惩治妨害国境卫生检疫违法行为。虽然本案中该船员核酸检测最终结果为阴性，但案发时正处于韩国疫情高发期，A公司不如实申报船员健康状况的行为，既违反了《国境卫生检疫法实施细则》第二十八条第一款第三项的规定，侵犯了国境卫生检疫管理制度，也给疫情防控工作带来了极大隐患。根据《国境卫生检疫法实施细则》第一百零九条第四项和第一百一十条第一款的规定，A公司应承担相应法律责任。

作为口岸疫情防控的"第一道防线"，海关有责任和义务加强国境卫生检疫工作，积极发挥行政处罚惩治作用，规范入境船舶申报。这对筑牢国境卫生检疫防线，遏制疫情疫病通过口岸扩散、传播，巩固和拓展国内疫情防控工作具有重要意义和积极影响。

第二十二节　入境船舶未经检疫擅自上下人员案

一、案情介绍

2020年5月14日，A公司所属内外贸兼营船舶B轮抵达舟山马峙锚地锚泊待卸。当日，由于船上伙食及防疫物资缺乏等原因，A公司向舟山市普陀区渔港建设管理有限公司申请，经联防联控办公室同意后，委托C轮为B轮提供相关物料。其间，B轮船员下船到C轮协助搬运，与C轮船员发生短暂近距离接触。供应物料期间，B轮所有船员均未上岸。A公司未就接受物料一事向海关申报。5月15日，B轮靠泊镇海港，Z海关对其进行登轮检疫，开展船员体温检测和医学巡查，结果均正常。因C轮船员与B轮船员有过接触，C轮船员随后被疾控中心强制进行了医学观察隔离，经观察无异常后解除隔离。

二、案件处理

A公司的行为违反了《国境卫生检疫法》第七条及《国境卫生检疫法实施细则》第二十六条的规定，根据《国境卫生检疫法实施细则》第一百零九条第二项和第一百一十条第一款的规定，Z海关依法对A公司处以100元以上5 000元以下的罚款。

三、案情分析

1. 责任主体的确定

A公司和B轮，谁应该是本案的责任主体？《国境卫生检疫法》及其实施细则规定，入境、出境的交通工具，在入境检疫之前或者在出境检疫之后，擅自上下人员，装卸行李、货物、邮包等物品的，应受行政处罚。但并没有明确处罚的对象，也就是没有明确规定责任主体。分析《国境卫生检疫法》及其实施细则相关规定可以发现，法律要求主要是针对进出境轮船提出的。但是，船舶并不是法人单位，法人单位应该是船公司，所以轮船不应该成为责任主体。尽管法律未明确规定责任主体，结合法律原则和本案实际情况，认定本案的责任主体是船公司。

2. 违法原因

本案中，A公司在委托C轮为B轮提供相关物料前，曾向舟山港口管理部门提出相关申请，并得到地方联防联控管理办公室同意，误认为不用再向海关进行申报。本案反映出A公司法律意识和口岸防疫意识淡薄，公司对所属轮船船舶的管理不到位，对检验检疫法律法规不了解，对国境卫生检疫的有关流程、要求等知之甚少，违法尚不自知。

3. 改进建议

针对上述情况，海关应加强对口岸涉船业务单位的培训及管理，加强对船公司、船舶代理及相关从业人员的国境卫生检疫相关法律法规的宣传，开展国境卫生检疫业务培训，增强相关从业人员的法律意识，降低国境卫生安全风险。

第二十三节　进境非食用动物产品擅自变更存放企业案

一、案情介绍

2021年7月15日，A贸易公司（以下简称A公司）向Y海关申报进口未经加工的生狐狸皮，商品编码为4301600090，检验检疫类别为P/Q，许可证列明的狐狸皮指定存放、加工单位为位于T市的B皮草制品公司（以下简称B公司）。7月23日，A公司在未依法获得进境非食用动物产品指定存放资质的情况下，擅自将其中100张未经加工的生狐狸皮从B公司运送至A公司存放并予以展示。

二、案件处理

A公司未经批准擅自变更非食用动物产品存放企业，其行为违反了《进出境非食用动物产品检验检疫监督管理办法》第二十一条、第三十条的规定。根据《进出境非食用动物产品检验检疫监督管理办法》第七十九条第八项的规定，应处以1万元以下罚款，Y海关依法对A公司予以处罚。

三、案件分析

为防止动物传染病、寄生虫病和植物危险性病、虫、杂草以及其他有害生物的传入，保护农、林、牧、渔业生产和人体健康，海关对进境非食用动物产品实施检疫准入制度。拟从事产品风险级别较高的进境非食用动物产品存放、加工业务的企业可以向所在地直属海关提出指定申请，直属海关按照海关总署指定的有关要求，对申请企业的申请材料、工艺流程、兽医卫生防疫制度等进行检查评审，核定存放、加工非食用动物产品的种类、能力。

本案中，A公司作为进口生狐狸皮的货主和收货人，是《进出境非食用动物产品检验检疫监督管理办法》规定的检疫审批手续的法定申请单位，有在签订贸易合同前向检验检疫机构提出进境动植物检疫许可申请并取得检疫许可证的义务，也应该知悉该批生狐狸皮指定的存放、加工单位为B公司，但是A公司受经济利益驱使，心存侥幸，擅自变更存放地点，将未经加工的生狐狸皮运送至A公司，其行为违反了《进出境非食用动物产品检验检疫监督管理办法》第三十条的规定："运往指定企业检疫的非食用动物产品，应当在检疫许可证列明的指定企业存放、加工。因特殊原因，需要变更指定企业的，货主或者其代理人应当办理检疫许可证变更，并向变更后的指定企业所在地检验检疫部门申报，接受检验检疫和检疫监督。"从其主观方面来看，应属于直接故意。因此，A公司的行为破坏了正常的进境非食用动物产品检疫审批管理秩序，可能造成疫病入境、重大动植物疫情蔓延等严重后果，给国家安全和人民健康带来极大危害，故应当根据《进出境非食用动物产品检验检疫监督管理办法》第七十九条第八项的规定"有下列情形之一，有违法所得的，由海关处以违法所得3倍以下罚款，最高不超过3万元；没有违法所得的，处以1万元以下罚款：……（八）实施企业注册登记或者指定管理的进境非食用动物产品，未经批准，货主或者其代理人擅自变更生产、加工、存放企业的"，承担相应的法律责任。

未依法办理非食用动物产品审批手续或者未遵守许可证指定管理要求的违法行为发生原因主要有两个。一是有的进口商尤其是初次进口非食用动物产品的进口商，不熟悉进境非食用动物产品检疫许可制度，也不向有关部门了解咨询。有的错误地以为只需进境后口岸检疫查验即可，有的以为可以在签订合同后或者到货后再申请办理检疫审批手续，从而在未申请办理检疫审批手续或虽提出申请但尚未取得检疫许可证的情况下，就与外商签订了贸易合同或者发货到港。二是有的进口商以为只要办理并获得了检疫许可证，程序到位，收货后就可以任意处理；也有的进口商为了经济利益而抱有侥幸心理，故意不向检验检疫机构申请办理变更检疫审批手续。本案中，A公司就是为了经济利益，罔顾检疫许可证列明的关于指定管理的要求，擅自变更生狐狸皮存放企业，导致违法行为的发生。

海关作为进出境非食用动物产品的检验检疫和监督管理部门，一是要对进口企业尤其是对开展非食用动物产品业务的进口企业进行有针对性的宣传，使企业学法知法，了解检疫审批的内容、程序等，避免发生本案中A公司的违法行为；二是要继续加大对非食用动物产品检疫监管力度，尤其是对非食用动物产品存放、加工单位，通过后续稽核查等手段，对违法企业进行查处。

第二十四节　出境空港食堂违反进货查验记录制度案

一、案情介绍

2020年9月16日，J海关在对A出境空港食堂进行卫生监督时，在该食堂后厨的冷藏柜中发现8盒过期盒装豆腐，均未开封。以上未开封过期食品与正常食品共同放置于厨房冷藏柜中，无"停用、过期食品"等标志标识。

经调阅相关单证，发现当事人单位未按要求在进货时登记上述食品的生产日期、保质期等信息，仅保存有供货商提供的结算单。经查看进货记录，显示当事人单位于2020年9月9日进货豆腐20盒，于2020年9月12日进货豆腐20盒，现场冰箱内还存有豆腐17盒（含有问题豆腐8盒）。

二、案件处理

A出境空港食堂经营过期食品的行为违反了《食品安全法》第五十三条、

第五十五条的规定。根据《食品安全法》第一百二十六条第三项的规定，食品生产经营者进货时未查验许可证和相关证明文件，或者未按规定建立并遵守进货查验记录、出厂检验记录和销售记录制度的，由食品安全监督管理部门责令改正，给予警告。J 海关依法对 A 出境空港食堂予以警告。

三、案情分析

1. 关于食品安全的法律规定

《食品安全法》第四条规定了食品生产经营者对其生产经营食品的安全负责。食品生产经营者应当依照法律、法规和食品安全标准从事生产经营活动，保证食品安全，诚信自律，对社会和公众负责，接受社会监督，承担社会责任。法律明确规定了食品安全的责任主体，违反《食品安全法》相关规定，食品生产经营者将承担相应法律后果。

此外，违反《食品安全法》相关规定引起严重后果的还要承担刑事责任。《刑法》规定了生产、销售不符合安全标准的食品罪，第一百四十三条规定："生产、销售不符合食品安全标准的食品，足以造成严重食物中毒事故或者其他严重食源性疾病的，处三年以下有期徒刑或者拘役，并处罚金；对人体健康造成严重危害或者有其他严重情节的，处三年以上七年以下有期徒刑，并处罚金；后果特别严重的，处七年以上有期徒刑或者无期徒刑，并处罚金或者没收财产。"

2. 本案分析

本案中，当事人出现上述违法行为主要是因为对食品安全法律法规不了解，缺乏食品安全意识。A 出境空港食堂作为空港口岸的后勤保障部门，长期从事食品经营、餐饮服务等保障工作，事关空港口岸的食品安全和通关中心员工的身体健康，未按规定建立并遵守进货查验记录、出厂检验记录和销售记录制度，以至于出现未开封过期食品与正常食品共同放置于厨房冷藏柜，存在使用过期食品进行加工的风险。

食品生产经营者作为食品安全的第一责任人，需要承担更多责任，切莫对食品安全要求掉以轻心。应当配备食品安全管理人员；建立食品安全自查制度，定期对食品安全状况进行检查评价；应当建立食品原料、食品添加剂、食品相关产品进货查验记录制度，如实记录食品原料、食品添加剂、食品相关产品的名称、规格、数量、生产日期或者生产批号、保质期、进货日期以及供货者名称、地址、联系方式等内容，并保存相关凭证。

第三章
海关检验检疫行政处罚依据梳理

表1 进出口商品检验监管

序号	违法情形	定性依据	处罚依据
1	擅自销售、使用未报检的属于法定检验的进口商品	《进出口商品检验法》第五条、第十一条，《进出口商品检验法实施条例》第十六条第一款	《进出口商品检验法》第三十二条，《进出口商品检验法实施条例》第四十二条
2	擅自销售、使用未经检验的属于法定检验的进口商品	《进出口商品检验法》第五条、第十二条，《进出口商品检验法实施条例》第十六条第一款	《进出口商品检验法》第三十二条，《进出口商品检验法实施条例》第四十二条
3	擅自销售、使用应当申请进口验证而未申请的进口商品	《进出口商品检验法》第二十五条，《进出口商品检验法实施条例》第十六条第二款	《进出口商品检验法实施条例》第四十二条
4	擅自出口未报检的属于法定检验的出口商品	《进出口商品检验法》第五条、第十五条，《进出口商品检验法实施条例》第二十四条第一款	《进出口商品检验法》第三十二条，《进出口商品检验法实施条例》第四十三条
5	擅自出口未经检验的属于法定检验的出口商品	《进出口商品检验法》第五条、第十五条，《进出口商品检验法实施条例》第二十四条第一款	《进出口商品检验法》第三十二条，《进出口商品检验法实施条例》第四十三条
6	擅自出口应当申请出口验证而未申请的出口商品	《进出口商品检验法》第二十五条，《进出口商品检验法实施条例》第二十四条第三款	《进出口商品检验法实施条例》第四十三条
7	销售、使用经法定检验不合格的进口商品	《进出口商品检验法》第五条第二款，《进出口商品检验法实施条例》第十六条第一款、第十九条第一款	《进出口商品检验法实施条例》第四十四条
8	销售、使用经抽查检验不合格的进口商品	《进出口商品检验法实施条例》第十九条、第二十条第一款	《进出口商品检验法实施条例》第四十四条
9	销售、使用经验证不合格的进口商品	《进出口商品检验法实施条例》第十六条第二款、第十九条、第二十条第二款	《进出口商品检验法实施条例》第四十四条
10	出口经法定检验不合格的商品	《进出口商品检验法》第五条第二款，《进出口商品检验法实施条例》第二十四条第一款、第二十七条	《进出口商品检验法实施条例》第四十四条
11	出口经抽查检验不合格的商品	《进出口商品检验法》第十九条，《进出口商品检验法实施条例》第二十七条、第二十八条第一款	《进出口商品检验法实施条例》第四十四条

续表1

序号	违法情形	定性依据	处罚依据
12	出口经验证不合格的商品	《进出口商品检验法》第二十五条，《进出口商品检验法实施条例》第二十四条第三款、第二十八条第二款	《进出口商品检验法实施条例》第四十四条
13	不如实提供进口商品的真实情况，取得出入境检验检疫机构的有关证单	《进出口商品检验法》第十一条，《进出口商品检验法实施条例》第十六条	《进出口商品检验法实施条例》第四十五条第一款
14	不如实提供出口商品的真实情况，取得出入境检验检疫机构的有关证单	《进出口商品检验法》第十五条，《进出口商品检验法实施条例》第二十四条第一款	《进出口商品检验法实施条例》第四十五条第一款
15	对法定检验的商品不予报检，逃避进出口商品检验的	《进出口商品检验法》第五条、第十一条、第十五条，《进出口商品检验法实施条例》第十六条第一款／第二十四条第一款	《进出口商品检验法实施条例》第四十五条第一款
16	委托人未提供报检事项的真实情况，取得出入境检验检疫机构的有关证单	《进出口商品检验法实施条例》第十三条第三款	《进出口商品检验法实施条例》第四十五条第二款
17	未进行合理审查或者工作疏忽，导致骗取出入境检验检疫机构有关证单的结果	《进出口商品检验法实施条例》第十三条第三款	《进出口商品检验法实施条例》第四十五条第三款
18	伪造、变造、买卖或者盗窃检验证单、印章、标志、封识、质量认证标志	《进出口商品检验法》第三十四条，《进出口商品检验法实施条例》第四十六条	《进出口商品检验法》第三十四条、《进出口商品检验法实施条例》第四十六条
19	使用伪造、变造的检验证单、印章、标志、封识	《进出口商品检验法实施条例》第四十六条	《进出口商品检验法实施条例》第四十六条
20	擅自调换出入境检验检疫机构抽取的样品或者出入境检验检疫机构检验合格的进出口商品	《进出口商品检验法实施条例》第四十七条	《进出口商品检验法实施条例》第四十七条
21	进口旧机电产品未按照规定进行装运前检验的	《进出口商品检验法实施条例》第二十二条第二款	《进出口商品检验法实施条例》第四十九条第三款

续表2

序号	违法情形	定性依据	处罚依据
22	提供未经出入境检验检疫机构鉴定的出口危险货物包装容器	《进出口商品检验法》第十七条,《进出口商品检验法实施条例》第二十九条第一款	《进出口商品检验法实施条例》第五十条第一款
23	使用未经出入境检验检疫机构鉴定的出口危险货物包装容器	《进出口商品检验法》第十七条,《进出口商品检验法实施条例》第二十九条第二款	《进出口商品检验法实施条例》第五十条第一款
24	提供经出入境检验检疫机构鉴定不合格的包装容器装运出口危险货物	《进出口商品检验法》第十七条,《进出口商品检验法实施条例》第二十九条第一款	《进出口商品检验法实施条例》第五十条第二款
25	使用经出入境检验检疫机构鉴定不合格的包装容器装运出口危险货物	《进出口商品检验法》第十七条,《进出口商品检验法实施条例》第二十九条第二款	《进出口商品检验法实施条例》第五十条第二款
26	提供或使用未经适载检验的运载工具装运易腐烂变质食品、冷冻品出口	《进出口商品检验法》第十八条,《进出口商品检验法实施条例》第三十条	《进出口商品检验法实施条例》第五十一条第一款
27	提供或使用经检验不合格的运载工具装运易腐烂变质食品、冷冻品出口	《进出口商品检验法》第十八条,《进出口商品检验法实施条例》第三十条	《进出口商品检验法实施条例》第五十一条第二款
28	擅自调换、损毁出入境检验检疫机构加施的商检标志、封识	《进出口商品检验法》第二十六条,《进出口商品检验法实施条例》第三十三条	《进出口商品检验法实施条例》第五十二条
29	从事进出口商品检验鉴定业务的检验机构违反国家有关规定,扰乱检验鉴定秩序	《进出口商品检验法实施条例》第五十三条及相关规定(结合具体情况选择适用)	《进出口商品检验法实施条例》第五十三条
30	代理报检企业、出入境快件运营企业违反国家有关规定,扰乱报检秩序	《进出口商品检验法实施条例》第五十四条	《进出口商品检验法实施条例》第五十四条
31	进出口属于掺杂掺假、以假充真、以次充好、以不合格商品冒充合格商品	《进出口商品检验法》第三十三条	《进出口商品检验法》第三十三条

续表3

序号	违法情形	定性依据	处罚依据
32	提供虚假材料骗取出口货物一般原产地证书	《进出口货物原产地条例》第十八条	《进出口货物原产地条例》第二十三条
33	伪造、变造、买卖或者盗窃出口货物一般原产地证书的	《进出口货物原产地条例》第二十三条	《进出口货物原产地条例》第二十三条
34	骗取、伪造、变造、买卖或者盗窃作为海关放行凭证的出口货物一般原产地证书的	《进出口货物原产地条例》第二十三条	《进出口货物原产地条例》第二十三条
35	未经海关许可，擅自将尚未经海关检验合格的进口化妆品调离指定或者认可监管场所	《进出口化妆品检验检疫监督管理办法》第九条	《进出口化妆品检验检疫监督管理办法》第四十三条
36	将进口非试用或者非销售用的化妆品展品用于试用或者销售	《进出口化妆品检验检疫监督管理办法》第三十一条	《进出口化妆品检验检疫监督管理办法》第四十四条
37	不履行退运、销毁进口化妆品义务的	《进出口化妆品检验检疫监督管理办法》第十五条第二款	《进出口化妆品检验检疫监督管理办法》第四十五条
38	对出口玩具在进口国家或者地区发生质量安全事件隐瞒不报并造成严重后果的	《进出口玩具检验监督管理办法》第二十一条第四款	《进出口玩具检验监督管理办法》第二十九条第一项
39	对应当向海关报告玩具缺陷而未报告的	《进出口玩具检验监督管理办法》第二十一条第三款	《进出口玩具检验监督管理办法》第二十九条第二项
40	对应当召回的缺陷玩具拒不召回的	《进出口玩具检验监督管理办法》第二十一条第二款	《进出口玩具检验监督管理办法》第二十九条第三项
41	擅自破坏进出口商品数量、重量检验现场条件或者进出口商品，影响检验结果的	《进出口商品数量重量检验鉴定管理办法》第十七条	《进出口商品数量重量检验鉴定管理办法》第二十七条
42	使用伪造、变造的海关签发的原产地证书的	《中华人民共和国非优惠原产地证书签证管理办法》第三十五条	《中华人民共和国非优惠原产地证书签证管理办法》第三十五条、《进出口商品检验法实施条例》第四十六条
43	申请人提供虚假材料骗取原产地证书备案的	《中华人民共和国非优惠原产地证书签证管理办法》第三十八条	《非优惠原产地证书签证管理办法》第三十八条

续表4

序号	违法情形	定性依据	处罚依据
44	书面通知限期整改仍未建立进口棉花销售或者使用记录以及索赔记录的	《进口棉花检验监督管理办法》第三十四条	《进口棉花检验监督管理办法》第三十七条第一项
45	不如实提供进口棉花的真实情况造成严重后果的	《进口棉花检验监督管理办法》第三十七条第二项	《进口棉花检验监督管理办法》第三十七条第二项
46	不接受进口棉花检验监督管理的	《进口棉花监督管理办法》第三十七条第三项	《进口棉花检验监督管理办法》第三十七条第三项
47	明知其产品存在风险未主动向海关报告相关信息，或者存在瞒报、漏报的	《进出口工业品风险管理办法》第十条第一款、第二十二条第三项	《进出口工业品风险管理办法》第二十七条第一项
48	不配合海关实施工业品风险预警和快速反应措施或者对其风险消减措施实施监督管理的	《进出口工业品风险管理办法》第二十二条第四项	《进出口工业品风险管理办法》第二十七条第二项
49	未及时实施工业品退运、销毁、停止进出口、停止销售和使用、召回等风险消减措施或者因措施不当未有效控制风险的	《进出口工业品风险管理办法》第二十二条第一项	《进出口工业品风险管理办法》第二十七条第三项
50	未向工业品利益相关方通报真实情况以及风险消减措施的	《进出口工业品风险管理办法》第二十二条第二项	《进出口工业品风险管理办法》第二十七条第四项

表2 进出境动植物检疫监管

序号	违法情形	定性依据	处罚依据
1	进境未报检	《进出境动植物检疫法》第十二条，《进出境动植物检疫法实施条例》第十八条	《进出境动植物检疫法》第三十九条第一项，《进出境动植物检疫法实施条例》第五十九条第一项
2	出境未报检	《进出境动植物检疫法》第二十条第一款	《进出境动植物检疫法》第三十九条第一项，《进出境动植物检疫法实施条例》第五十九条第一项
3	过境未报检	《进出境动植物检疫法》第二十四条，《进出境动植物检疫法实施条例》第三十七条	《进出境动植物检疫法》第三十九条第一项，《进出境动植物检疫法实施条例》第五十九条第一项
4	进境未依法办理检疫审批手续	《进出境动植物检疫法》第十条，《进出境动植物检疫法实施条例》第九条、第十一条（结合具体情况选择适用）	《进出境动植物检疫法》第三十九条第一项，《进出境动植物检疫法实施条例》第五十九条第一项
5	过境未依法办理检疫审批手续	《进出境动植物检疫法实施条例》第十三条	《进出境动植物检疫法》第三十九条第一项，《进出境动植物检疫法实施条例》第五十九条第一项
6	未按照检疫审批的规定执行	《进出境动植物检疫法实施条例》第五十九条第一项，《进境动植物检疫审批管理办法》相关规定（结合具体情况选择适用）	《进出境动植物检疫法实施条例》第五十九条第一项
7	报检的动植物、动植物产品和其他检疫物与实际不符的	《进出境动植物检疫法》第四十条，《进出境动植物检疫法实施条例》第五十九条第二项	《进出境动植物检疫法》第四十条，《进出境动植物检疫法实施条例》第五十九条第二项
8	未经口岸动植物检疫机关许可擅自将进境动植物、动植物产品和其他检疫物卸离运输工具或者运递	《进出境动植物检疫法》第十四条第一款	《进出境动植物检疫法》第三十九条第二项，《进出境动植物检疫法实施条例》第六十条第一项
9	未经口岸动植物检疫机关许可擅自将过境动植物、动植物产品和其他检疫物卸离运输工具或者运递	《进出境动植物检疫法》第二十七条	《进出境动植物检疫法》第四十一条，《进出境动植物检疫法实施条例》第六十条第一项

续表1

序号	违法情形	定性依据	处罚依据
10	擅自调离或者处理在口岸动植物检疫机关指定的隔离场所中隔离检疫的进境动植物	《进出境动植物检疫法》第十四条第二款,《进出境动植物检疫法实施条例》第五十四条	《进出境动植物检疫法》第三十九条第三项,《进出境动植物检疫法实施条例》第六十条第二项
11	擅自调离或者处理在口岸动植物检疫机关指定的隔离场所中隔离检疫的出境动植物	《进出境动植物检疫法》第二十条第二款,《进出境动植物检疫法实施条例》第三十三条、第五十四条	《进出境动植物检疫法》第三十九条第三项,《进出境动植物检疫法实施条例》第六十条第二项
12	擅自开拆过境动植物、动植物产品和其他检疫的包装	《进出境动植物检疫法》第二十七条,《进出境动植物检疫法实施条例》第三十九条	《进出境动植物检疫法》第四十一条,《进出境动植物检疫法实施条例》第六十条第三项
13	擅自开拆、损毁动植物检疫封识或者标志	《进出境动植物检疫法实施条例》第五十七条第一款	《进出境动植物检疫法实施条例》第六十条第三项
14	擅自抛弃过境动物的尸体、排泄物、铺垫材料或者其他废弃物	《进出境动植物检疫法》第二十五条第三款	《进出境动植物检疫法》第四十一条,《进出境动植物检疫法实施条例》第六十条第四项
15	未按规定处理运输工具上的泔水、动植物性废弃物	《进出境动植物检疫法》第三十六条,《进出境动植物检疫法实施条例》第四十七条	《进出境动植物检疫法》第四十一条,《进出境动植物检疫法实施条例》第六十条第四项
16	注册登记的生产、加工、存放单位,进出境的物品经检疫不合格,情节严重的	《进出境动植物检疫法实施条例》第六十一条	《进出境动植物检疫法实施条例》第六十一条
17	引起重大动植物疫情	《进出境动植物检疫法实施条例》第六十二条第一项	《进出境动植物检疫法实施条例》第六十二条第一项
18	伪造、变造动植物检疫单证、印章、标志、封识的	《进出境动植物检疫法实施条例》第六十二条第二项	《进出境动植物检疫法实施条例》第六十二条第二项
19	从事进出境动植物检疫熏蒸、消毒处理业务的单位,不按照规定进行熏蒸和消毒处理	《进出境动植物检疫法实施条例》第六十三条及相关规定（结合具体情况选择适用）	《进出境动植物检疫法实施条例》第六十三条

续表2

序号	违法情形	定性依据	处罚依据
20	来自注册果园、包装厂的水果混有非注册果园、包装厂水果的	《出境水果检验检疫监督管理办法》第十四条	《出境水果检验检疫监督管理办法》第三十条第一项
21	盗用果园、包装厂注册登记编号的	《出境水果检验检疫监督管理办法》第三十条第二项	《出境水果检验检疫监督管理办法》第三十条第二项
22	伪造或变造出境水果产地供货证明的	《出境水果检验检疫监督管理办法》第三十条第三项	《出境水果检验检疫监督管理办法》第三十条第三项
23	经检验检疫合格后的出境水果被调换的	《出境水果检验检疫监督管理办法》第三十条第四项	《出境水果检验检疫监督管理办法》第三十条第四项
24	其他违反《出境水果检验检疫监督管理办法》规定导致严重安全、卫生质量事故的	《出境水果检验检疫监督管理办法》相关规定（结合具体情况选择适用）	《出境水果检验检疫监督管理办法》第三十条第五项
25	从事出境水生动物捕捞、养殖、中转、包装、运输和贸易的企业发生应该上报的疫情隐瞒不报的	《出境水生动物检验检疫监督管理办法》第三十六条	《出境水生动物检验检疫监督管理办法》第四十二条第一项
26	从事出境水生动物捕捞、养殖、中转、包装、运输和贸易的企业在海关指定的场所之外进行换水、充氧、加冰、改变包装或者接驳更换运输工具的	《出境水生动物检验检疫监督管理办法》第二十七条	《出境水生动物检验检疫监督管理办法》第四十二条第二项
27	从事出境水生动物捕捞、养殖、中转、包装、运输和贸易的企业人为损毁检验检疫封识的	《出境水生动物检验检疫监督管理办法》第四十二条第三项	《出境水生动物检验检疫监督管理办法》第四十二条第三项
28	从事出境水生动物捕捞、养殖、中转、包装、运输和贸易的企业存放我国或者进口国家或者地区禁止使用的药物的	《出境水生动物检验检疫监督管理办法》第三十三条第一款	《出境水生动物检验检疫监督管理办法》第四十二条第四项

续表3

序号	违法情形	定性依据	处罚依据
29	从事出境水生动物捕捞、养殖、中转、包装、运输和贸易的企业拒不接受海关监督管理的	《出境水生动物检验检疫监督管理办法》第三条、第二十九条	《出境水生动物检验检疫监督管理办法》第四十二条第五项
30	以非注册登记养殖场水生动物冒充注册登记养殖场水生动物的	《出境水生动物检验检疫监督管理办法》第四十三条第一项	《出境水生动物检验检疫监督管理办法》第四十三条第一项，《国务院关于加强食品等产品安全监督管理的特别规定》相关规定（结合具体情况选择适用）
31	以养殖水生动物冒充野生捕捞水生动物的	《出境水生动物检验检疫监督管理办法》第四十三条第二项	《出境水生动物检验检疫监督管理办法》第四十三条第二项，《国务院关于加强食品等产品安全监督管理的特别规定》相关规定（结合具体情况选择适用）
32	提供、使用虚假《出境水生动物供货证明》的	《出境水生动物检验检疫监督管理办法》第四十三条第三项	《出境水生动物检验检疫监督管理办法》第四十三条第三项，《国务院关于加强食品等产品安全监督管理的特别规定》相关规定（结合具体情况选择适用）
33	从事出境水生动物捕捞、养殖、中转、包装、运输和贸易的企业违法使用饲料、饵料、药物、养殖用水及其他农业投入品的	《出境水生动物检验检疫监督管理办法》第四十三条第四项	《出境水生动物检验检疫监督管理办法》第四十三条第四项，《国务院关于加强食品等产品安全监督管理的特别规定》相关规定（结合具体情况选择适用）
34	有其他逃避出境水生动物检验检疫或者弄虚作假行为的	《出境水生动物检验检疫监督管理办法》第四十三条第五项	《出境水生动物检验检疫监督管理办法》第四十三条第五项，《国务院关于加强食品等产品安全监督管理的特别规定》相关规定（结合具体情况选择适用）

续表4

序号	违法情形	定性依据	处罚依据
35	携带物应当向海关申报而未申报的	《出入境人员携带物检疫管理办法》第四条、第十二条,《进出境动植物检疫法》第三十条,《进出境动植物检疫法实施条例》第四十一条	《出入境人员携带物检疫管理办法》第三十三条第一款第一项
36	申报携带物中的动植物、动植物产品和其他检疫物与实际不符的	《出入境人员携带物检疫管理办法》第四条、第十二条,《进出境动植物检疫法》第三十条,《进出境动植物检疫法实施条例》第四十一条	《出入境人员携带物检疫管理办法》第三十三条第一款第二项
37	在携带物品出入境中买卖动植物检疫单证、印章、标志、封识的	《出入境人员携带物检疫管理办法》第三十九条第一款	《出入境人员携带物检疫管理办法》第三十九条第一款
38	在携带物品出入境中盗窃动植物检疫单证、印章、标志、封识或者使用伪造、变造的动植物检疫单证、印章、标志、封识的	《出入境人员携带物检疫管理办法》第四十条第一项	《出入境人员携带物检疫管理办法》第四十条第一项
39	在携带物品出入境中使用伪造、变造的国外官方机构出具的检疫证书的	《出入境人员携带物检疫管理办法》第四十条第三项	《出入境人员携带物检疫管理办法》第四十条第三项
40	进出境粮食收发货人及生产、加工、存放、运输企业未按规定建立生产经营档案并做好记录的	《进出境粮食检验检疫监督管理办法》第四十一条	《进出境粮食检验检疫监督管理办法》第四十七条
41	进境粮食存在重大安全质量问题,或者可能会对人体健康或农林牧渔业生产生态安全造成重大损害的,没有主动召回的	《进出境粮食检验检疫监督管理办法》第四十二条	《进出境粮食检验检疫监督管理办法》第五十五条第一项
42	进境粮食召回或者处理情况未向海关报告的	《进出境粮食检验检疫监督管理办法》第四十二条	《进出境粮食检验检疫监督管理办法》第五十五条第二项
43	进境粮食未在海关指定的查验场所卸货的	《进出境粮食检验检疫监督管理办法》第十条第二款	《进出境粮食检验检疫监督管理办法》第五十五条第三项

续表5

序号	违法情形	定性依据	处罚依据
44	造成粮食质量安全受到危害，拒不做有效的检疫处理的	《进出境粮食检验检疫监督管理办法》第十七条	《进出境粮食检验检疫监督管理办法》第五十五条第四项
45	进境粮食未按规定注册登记的	《进出境粮食检验检疫监督管理办法》第六条	《进出境粮食检验检疫监督管理办法》第五十六条第一项
46	出境粮食未按规定注册登记的	《进出境粮食检验检疫监督管理办法》第二十五条	《进出境粮食检验检疫监督管理办法》第五十六条第一项
47	进境粮食未在指定场所生产、加工、存放的	《进出境粮食检验检疫监督管理办法》第二十条	《进出境粮食检验检疫监督管理办法》第五十六条第一项
48	出境粮食未在指定场所生产、加工、存放的	《进出境粮食检验检疫监督管理办法》第五十六条第一项	《进出境粮食检验检疫监督管理办法》第五十六条第一项
49	在进出境粮食中买卖、盗窃动植物检疫单证、印章、标识、封识，或者使用伪造、变造的动植物检疫单证、印章、标识、封识的	《进出境粮食检验检疫监督管理办法》第五十六条第二项	《进出境粮食检验检疫监督管理办法》第五十六条第二项
50	在进出境粮食中使用伪造、变造的输出国家或者地区官方检疫证明文件的	《进出境粮食检验检疫监督管理办法》第五十六条第三项	《进出境粮食检验检疫监督管理办法》第五十六条第三项
51	拒不接受海关进出境粮食检疫监督的	《进出境粮食检验检疫监督管理办法》第三条、第四十条	《进出境粮食检验检疫监督管理办法》第五十六条第四项
52	存放、使用我国或者进口国家或者地区禁止使用的药物、添加剂以及其他原辅料的	《进出口饲料和饲料添加剂检验检疫监督管理办法》第四十八条第一款第三项	《进出口饲料和饲料添加剂检验检疫监督管理办法》第六十三条第一项，《国务院关于加强食品等产品安全监督管理的特别规定》相关规定（结合具体情况选择适用）

续表6

序号	违法情形	定性依据	处罚依据
53	以非注册登记饲料生产、加工企业生产的产品冒充注册登记出口生产企业产品的	《进出口饲料和饲料添加剂检验检疫监督管理办法》第六十三条第二项	《进出口饲料和饲料添加剂检验检疫监督管理办法》第六十三条第二项，《国务院关于加强食品等产品安全监督管理的特别规定》相关规定（结合具体情况选择适用）
54	明知有安全隐患，隐瞒不报，拒不履行事故报告义务继续进出口饲料和饲料添加剂的	《进出口饲料和饲料添加剂检验检疫监督管理办法》第二十九条第二款/第五十五条（结合具体情况选择适用）	《进出口饲料和饲料添加剂检验检疫监督管理办法》第六十三条第三项，《国务院关于加强食品等产品安全监督管理的特别规定》相关规定（结合具体情况选择适用）
55	拒不履行饲料和饲料添加剂召回义务的	《进出口饲料和饲料添加剂检验检疫监督管理办法》第二十九条第二款	《进出口饲料和饲料添加剂检验检疫监督管理办法》第六十三条第四项，《国务院关于加强食品等产品安全监督管理的特别规定》相关规定（结合具体情况选择适用）
56	在进出口饲料和饲料添加剂中使用伪造、变造的动植物检疫单证、印章、标志、封识的	《进出口饲料和饲料添加剂检验检疫监督管理办法》第六十六条第一项	《进出口饲料和饲料添加剂检验检疫监督管理办法》第六十六条第一项
57	在进出口饲料和饲料添加剂中使用伪造、变造的输出国家或者地区主管部门检疫证明文件的	《进出口饲料和饲料添加剂检验检疫监督管理办法》第六十六条第二项	《进出口饲料和饲料添加剂检验检疫监督管理办法》第六十六条第二项
58	在进出口饲料和饲料添加剂中使用伪造、变造的其他相关证明文件的	《进出口饲料和饲料添加剂检验检疫监督管理办法》第六十六条第三项	《进出口饲料和饲料添加剂检验检疫监督管理办法》第六十六条第三项

续表7

序号	违法情形	定性依据	处罚依据
59	拒不接受海关饲料和饲料添加剂监督管理的	《进出口饲料和饲料添加剂检验检疫监督管理办法》第三条及相关规定（结合具体情况选择适用）	《进出口饲料和饲料添加剂检验检疫监督管理办法》第六十六条第四项
60	将隔离动物产下的幼畜、蛋及乳等移出隔离场的	《进境动物隔离检疫场使用监督管理办法》第二十六条第九项	《进境动物隔离检疫场使用监督管理办法》第三十一条第一项
61	未经海关同意，对隔离动物进行药物治疗、疫苗注射、人工授精和胚胎移植等处理	《进境动物隔离检疫场使用监督管理办法》第二十六条第八项	《进境动物隔离检疫场使用监督管理办法》第三十一条第二项
62	未经海关同意，转移隔离检疫动物或者采集、保存其血液、组织、精液、分泌物等样品或者病料的	《进境动物隔离检疫场使用监督管理办法》第二十六条第八项	《进境动物隔离检疫场使用监督管理办法》第三十一条第三项
63	发现疑似患病或者死亡的动物，未立即报告所在地海关，并自行转移和急宰患病动物，自行解剖和处置患病、死亡动物的	《进境动物隔离检疫场使用监督管理办法》第二十六条第十一项	《进境动物隔离检疫场使用监督管理办法》第三十一条第四项
64	未将动物按照规定调入隔离场的	《进境动物隔离检疫场使用监督管理办法》第六条	《进境动物隔离检疫场使用监督管理办法》第三十一条第五项
65	人员、车辆、物品未经海关同意，并未采取有效的消毒防疫措施，擅自进入隔离场的	《进境动物隔离检疫场使用监督管理办法》第二十六条第三项	《进境动物隔离检疫场使用监督管理办法》第三十二条第一项
66	饲养隔离动物以外的其他动物的	《进境动物隔离检疫场使用监督管理办法》第二十六条第五项	《进境动物隔离检疫场使用监督管理办法》第三十二条第二项
67	未经海关同意，将与隔离动物同类或者相关动物及其产品、动物饲料、生物制品带入隔离场内的	《进境动物隔离检疫场使用监督管理办法》第二十六条第四项/第八项（结合具体情况选择适用）	《进境动物隔离检疫场使用监督管理办法》第三十二条第三项

续表 8

序号	违法情形	定性依据	处罚依据
68	未在海关的监督下对动物的粪便、垫料及污物、污水进行无害化处理，不符合防疫要求即运出隔离场的	《进境动物隔离检疫场使用监督管理办法》第二十八条第一项	《进境动物隔离检疫场使用监督管理办法》第三十三条第一项
69	未在海关的监督下对剩余的饲料、饲草、垫料和用具等作无害化处理或者消毒后即运出隔离场的	《进境动物隔离检疫场使用监督管理办法》第二十八条第二项	《进境动物隔离检疫场使用监督管理办法》第三十三条第二项
70	未在海关的监督下对隔离场场地、设施、器具进行消毒处理的	《进境动物隔离检疫场使用监督管理办法》第二十八条第三项	《进境动物隔离检疫场使用监督管理办法》第三十三条第三项
71	隔离场检疫期间，隔离场发生动物疫情隐瞒不报的	《进境动物隔离检疫场使用监督管理办法》第二十七条	《进境动物隔离检疫场使用监督管理办法》第三十四条第一项
72	隔离场检疫期间，存放、使用我国或者输入国家/地区禁止使用的药物或者饲料添加剂的	《进境动物隔离检疫场使用监督管理办法》第十九条第二项/第二十六条第七项（结合具体情况选择适用）	《进境动物隔离检疫场使用监督管理办法》第三十四条第二项
73	隔离场检疫期间，拒不接受海关监督管理的	《进境动物隔离检疫场使用监督管理办法》第四条	《进境动物隔离检疫场使用监督管理办法》第三十四条第三项
74	进境水生动物企业明知有安全隐患，隐瞒不报，拒不履行事故报告义务继续进口的	《进境水生动物检验检疫监督管理办法》第四十七条	《进境水生动物检验检疫监督管理办法》第五十一条第一项，《国务院关于加强食品等产品安全监督管理的特别规定》相关规定（结合具体情况选择适用）
75	进境水生动物企业拒不履行产品召回义务的	《进境水生动物检验检疫监督管理办法》第四十七条	《进境水生动物检验检疫监督管理办法》第五十一条第二项，《国务院关于加强食品等产品安全监督管理的特别规定》相关规定（结合具体情况选择适用）

续表9

序号	违法情形	定性依据	处罚依据
76	在进境水生动物中使用伪造、变造的检疫单证、印章、标志、封识的	《进境水生动物检验检疫监督管理办法》第五十二条第一项	《进境水生动物检验检疫监督管理办法》第五十二条第一项
77	在进境水生动物中使用伪造、变造的输出国家或者地区官方主管部门检疫证明文件的	《进境水生动物检验检疫监督管理办法》第五十二条第二项	《进境水生动物检验检疫监督管理办法》第五十二条第二项
78	在进境水生动物中使用伪造、变造的其他相关证明文件的	《进境水生动物检验检疫监督管理办法》第五十二条第三项	《进境水生动物检验检疫监督管理办法》第五十二条第三项
79	进境水生动物企业未建立经营档案或者未按照规定记录、保存经营档案的	《进境水生动物检验检疫监督管理办法》第四十四条	《进境水生动物检验检疫监督管理办法》第五十二条第四项
80	进境水生动物企业擅自调离或者处理在海关指定场所中扣留的进境食用水生动物的	《进境水生动物检验检疫监督管理办法》第三十四条	《进境水生动物检验检疫监督管理办法》第五十二条第五项
81	拒不接受海关进境水生动物监督管理的	《进境水生动物检验检疫监督管理办法》第三条、第五十二条第六项	《进境水生动物检验检疫监督管理办法》第五十二条第六项
82	未经注册登记擅自生产、加工、存放非食用动物产品的	《进出境非食用动物产品检验检疫监督管理办法》第十一条/第四十条（结合具体情况选择适用）	《进出境非食用动物产品检验检疫监督管理办法》第七十九条第一项
83	未经指定擅自生产、加工、存放非食用动物产品的	《进出境非食用动物产品检验检疫监督管理办法》第三十二条	《进出境非食用动物产品检验检疫监督管理办法》第七十九条第一项
84	擅自销售、使用或者出口应当经抽查检验而未经抽查检验的进出境非食用动物产品的	《进出境非食用动物产品检验检疫监督管理办法》第七十九条第二项	《进出境非食用动物产品检验检疫监督管理办法》第七十九条第二项
85	在进出境非食用动物产品中买卖或者使用伪造、变造的动植物检疫单证、印章、标志、封识的	《进出境非食用动物产品检验检疫监督管理办法》第七十九条第三项	《进出境非食用动物产品检验检疫监督管理办法》第七十九条第三项

续表10

序号	违法情形	定性依据	处罚依据
86	在进出境非食用动物产品中买卖或者使用伪造、变造的输出国家或者地区主管部门检验检疫证明文件的	《进出境非食用动物产品检验检疫监督管理办法》第七十九条第四项	《进出境非食用动物产品检验检疫监督管理办法》第七十九条第四项
87	在进出境非食用动物产品中买卖或者使用伪造、变造的其他相关证明文件的	《进出境非食用动物产品检验检疫监督管理办法》第七十九条第五项	《进出境非食用动物产品检验检疫监督管理办法》第七十九条第五项
88	拒不接受海关进出境非食用动物产品监督管理的	《进出境非食用动物产品检验检疫监督管理办法》第三条、第七十九条第六项	《进出境非食用动物产品检验检疫监督管理办法》第七十九条第六项
89	未按照有关规定向指定企业所在地海关申报进出境非食用动物产品的	《进出境非食用动物产品检验检疫监督管理办法》第二十一条	《进出境非食用动物产品检验检疫监督管理办法》第七十九条第七项
90	进境非食用动物产品未经批准擅自变更实施企业注册登记的生产、加工、存放企业的	《进出境非食用动物产品检验检疫监督管理办法》第十一条	《进出境非食用动物产品检验检疫监督管理办法》第七十九条第八项
91	进境非食用动物产品未经批准擅自变更指定管理的生产、加工、存放企业的	《进出境非食用动物产品检验检疫监督管理办法》第二十一条、第三十条	《进出境非食用动物产品检验检疫监督管理办法》第七十九条第八项
92	擅自处置未经检疫处理的进境非食用动物产品使用、加工过程中产生的废弃物的	《进出境非食用动物产品检验检疫监督管理办法》第三十三条第三项	《进出境非食用动物产品检验检疫监督管理办法》第七十九条第九项
93	在进出境非食用动物产品中隐瞒有关情况或者提供虚假材料申请注册登记的	《进出境非食用动物产品检验检疫监督管理办法》第八十条第一款	《进出境非食用动物产品检验检疫监督管理办法》第八十条第一款
94	在进出境非食用动物产品中以欺骗、贿赂等不正当手段取得注册登记的	《进出境非食用动物产品检验检疫监督管理办法》第八十条第二款	《进出境非食用动物产品检验检疫监督管理办法》第八十条第二款
95	未经海关许可,擅自拆除、遗弃木质包装的	《进境货物木质包装检疫监督管理办法》第九条第二款	《进境货物木质包装检疫监督管理办法》第十八条第一项

续表11

序号	违法情形	定性依据	处罚依据
96	未按海关要求对木质包装采取除害或者销毁处理的	《进境货物木质包装检疫监督管理办法》第四条、第五条	《进境货物木质包装检疫监督管理办法》第十八条第二项
97	伪造、变造、盗用IPPC专用标识的	《进境货物木质包装检疫监督管理办法》第十八条第三项	《进境货物木质包装检疫监督管理办法》第十八条第三项
98	检疫处理单位未按照技术要求和操作规程进行操作的	《出入境检疫处理单位和人员管理办法》第三十条第一款	《出入境检疫处理单位和人员管理办法》第三十九条第一项/第四十条第一项（结合具体情况选择适用）
99	出入境检疫处理质量未达到检验检疫技术要求的	《出入境检疫处理单位和人员管理办法》第三十一条	《出入境检疫处理单位和人员管理办法》第三十九条第二项/第四十条第一项（结合具体情况选择适用）
100	检疫处理单位发生安全、质量事故并负有管理责任的	《出入境检疫处理单位和人员管理办法》第三十一条	《出入境检疫处理单位和人员管理办法》第三十九条第三项/第四十条第一项（结合具体情况选择适用）
101	检疫处理单位超出《出入境检疫处理单位核准证书》（以下简称《核准证书》）核准范围从事出入境检疫处理工作的	《出入境检疫处理单位和人员管理办法》第六条第一款、第三十条第一款	《出入境检疫处理单位和人员管理办法》第三十九条第五项/第四十条第一项（结合具体情况选择适用）
102	出入境检疫处理业务档案、安全事故档案或者职工职业健康监护档案不完整、填写不规范，情节严重的	《出入境检疫处理单位和人员管理办法》第七条第七项、第三十二条	《出入境检疫处理单位和人员管理办法》第三十九条第六项
103	检疫处理单位未按规定办理《核准证书》变更手续的	《出入境检疫处理单位和人员管理办法》第三十四条	《出入境检疫处理单位和人员管理办法》第三十九条第七项
104	检疫处理单位伪造、变造、恶意涂改档案的	《出入境检疫处理单位和人员管理办法》第四十条第二项	《出入境检疫处理单位和人员管理办法》第四十条第二项

续表12

序号	违法情形	定性依据	处罚依据
105	检疫处理单位非法转让《核准证书》的	《出入境检疫处理单位和人员管理办法》第四十条第三项	《出入境检疫处理单位和人员管理办法》第四十条第三项
106	检疫处理单位转委托其他单位进行检疫处理的	《出入境检疫处理单位和人员管理办法》第四十条第四项	《出入境检疫处理单位和人员管理办法》第四十条第四项
107	检疫处理单位和人员拒绝接受海关监管或者整改不力的	《出入境检疫处理单位和人员管理办法》第四条、第四十条第五项	《出入境检疫处理单位和人员管理办法》第四十条第五项
108	检疫处理单位和人员拒不履行相关义务或者未按照相关规定实施检疫处理，处理效果评价多次不达标的	《出入境检疫处理单位和人员管理办法》第四十条第六项	《出入境检疫处理单位和人员管理办法》第四十条第六项
109	检疫处理人员未按照规定进行操作的	《出入境检疫处理单位和人员管理办法》第二十六条	《出入境检疫处理单位和人员管理办法》第四十一条
110	无《核准证书》和营业执照，擅自从事出入境检疫处理工作的	《出入境检疫处理单位和人员管理办法》第六条第一款	《出入境检疫处理单位和人员管理办法》第四十二条

表3 国境卫生检疫监管

序号	违法情形	定性依据	处罚依据
1	逃避检疫，向国境卫生检疫机关隐瞒真实情况的	《国境卫生检疫法》第四条，《国境卫生检疫法实施细则》第四条	《国境卫生检疫法》第二十条第一款第一项
2	入境的人员未经国境卫生检疫机关许可，擅自上下交通工具，或者装卸行李、货物、邮包等物品，不听劝阻的	《国境卫生检疫法》第四条/第七条/第九条，《国境卫生检疫法实施细则》第二十六条/第三十九条/第四十六条/第四十九条（结合具体情况选择适用）	《国境卫生检疫法》第二十条第一款第二项
3	应当受入境检疫的船舶，不悬挂检疫信号的	《国境卫生检疫法实施细则》第二十五条（结合具体情况选择适用）	《国境卫生检疫法实施细则》第一百零九条第一项、第一百一十条第一款
4	入境的交通工具，在入境检疫之前，擅自上下人员、装卸行李、货物、邮包等物品的	《国境卫生检疫法》第四条/第七条/第九条，《国境卫生检疫法实施细则》第二十六条/第三十九条/第四十六条/第四十九条（结合具体情况选择适用）	《国境卫生检疫法实施细则》第一百零九条第二项、第一百一十条第一款
5	出境的交通工具，在出境检疫之后，擅自上下人员，装卸行李、货物、邮包等物品的	《国境卫生检疫法》第四条，《国境卫生检疫法实施细则》第三十五条/第四十九条（结合具体情况选择适用）	《国境卫生检疫法实施细则》第一百零九条第二项、第一百一十条第一款
6	拒绝接受检疫	《国境卫生检疫法》第四条，《国境卫生检疫法实施细则》第四条	《国境卫生检疫法实施细则》第一百零九条第三项、第一百一十条第一款
7	抵制卫生监督	《国境卫生检疫法》第十八条，《国境卫生检疫法实施细则》第一百零四条	《国境卫生检疫法实施细则》第一百零九条第三项、第一百一十条第一款
8	拒不接受卫生处理的	《国境卫生检疫法》第十二条/第十三条/第十四条，《国境卫生检疫法实施细则》相关规定（结合具体情况选择适用）	《国境卫生检疫法实施细则》第一百零九条第三项、第一百一十条第一款
9	伪造或者涂改检疫单、证	《国境卫生检疫法实施细则》第一百零九条第四项	《国境卫生检疫法实施细则》第一百零九条第四项、第一百一十条第一款

续表1

序号	违法情形	定性依据	处罚依据
10	不如实申报疫情的	《国境卫生检疫法实施细则》相关规定（结合具体情况选择适用）	《国境卫生检疫法实施细则》第一百零九条第四项、第一百一十条第一款
11	瞒报携带禁止进口的微生物、人体组织、生物制品、血液及其制品或者其他可能引起传染病传播的动物和物品的	《国境卫生检疫法实施细则》第十一条	《国境卫生检疫法实施细则》第一百零九条第五项、第一百一十条第一款
12	未经检疫的入境交通工具，擅自离开检疫地点，逃避查验的	《国境卫生检疫法》第七条/《国境卫生检疫法实施细则》第二十二条（结合具体情况选择适用）	《国境卫生检疫法实施细则》第一百零九条第六项、第一百一十条第二款
13	未经检疫的出境交通工具，擅自离开检疫地点，逃避查验的	《国境卫生检疫法》第八条	《国境卫生检疫法实施细则》第一百零九条第六项、第一百一十条第二款
14	隐瞒疫情的	《国境卫生检疫法实施细则》第一百零九条第七项	《国境卫生检疫法实施细则》第一百零九条第七项、第一百一十条第二款
15	伪造情节的	《国境卫生检疫法实施细则》第一百零九条第七项	《国境卫生检疫法实施细则》第一百零九条第七项、第一百一十条第二款
16	未经卫生检疫机关实施卫生处理，擅自排放压舱水，移下垃圾、污物等控制的物品的	《国境卫生检疫法实施细则》第一百零九条第八项	《国境卫生检疫法实施细则》第一百零九条第八项、第一百一十条第二款
17	未经卫生检疫机关实施卫生处理，擅自移运尸体、骸骨的	《国境卫生检疫法》第十四条第二款，《国境卫生检疫法实施细则》第一百零九条第九项	《国境卫生检疫法实施细则》第一百零九条第九项、第一百一十条第二款
18	废旧物品、废旧交通工具，未向卫生检疫机关申报而擅自入境、出境或者使用、拆卸的	《国境卫生检疫法实施细则》第十条	《国境卫生检疫法实施细则》第一百零九条第十项、第一百一十条第三款

续表2

序号	违法情形	定性依据	处罚依据
19	废旧物品、废旧交通工具未经卫生检疫机关实施卫生处理而擅自入境、出境或者使用、拆卸的	《国境卫生检疫法实施细则》第五十六条	《国境卫生检疫法实施细则》第一百零九条第十项、第一百一十条第三款
20	废旧物品、废旧交通工具，未经签发卫生检疫证书而擅自入境、出境或者使用、拆卸的	《国境卫生检疫法实施细则》第一百零九条第十项	《国境卫生检疫法实施细则》第一百零九条第十项、第一百一十条第三款
21	未经卫生检疫机关检查，从交通工具上移下传染病病人造成传染病传播危险的	《国境卫生检疫法实施细则》第一百零九条第十一项	《国境卫生检疫法实施细则》第一百零九条第十一项、第一百一十条第三款
22	卫生质量不符合国家卫生标准和要求，而继续营业的	《公共场所卫生管理条例》第三条、第十四条第一款第一项，《国境口岸卫生许可管理办法》相关规定（结合具体情况选择适用）	《公共场所卫生管理条例》第十四条第一款第一项
23	未获得"健康合格证"，而从事直接为顾客服务的	《公共场所卫生管理条例》第七条	《公共场所卫生管理条例》第十四条第一款第二项
24	拒绝卫生监督的	《公共场所卫生管理条例》第十条、第十三条	《公共场所卫生管理条例》第十四条第一款第三项
25	未取得"卫生许可证"，擅自营业的	《公共场所卫生管理条例》第四条，《国境口岸卫生许可管理办法》第五条	《公共场所卫生管理条例》第十四条第一款第四项
26	携带物应当向海关申报而未申报的	《出入境人员携带物检疫管理办法》第四条、第十二条	《出入境人员携带物检疫管理办法》第三十三条第一款第一项
27	携带物未依法办理卫生检疫审批手续的	《出入境人员携带物检疫管理办法》第十一条、《出入境特殊物品卫生检疫管理规定》第八条	《出入境人员携带物检疫管理办法》第三十三条第一款第三项
28	携带物未按照检疫审批的规定执行的	《出入境人员携带物检疫管理办法》第三十三条第一款第四项及其他相关规定（结合具体情况选择适用）	《出入境人员携带物检疫管理办法》第三十三条第一款第四项

续表3

序号	违法情形	定性依据	处罚依据
29	在携带物品出入境中变造卫生检疫单证的	《出入境人员携带物检疫管理办法》第三十四条第二项	《出入境人员携带物检疫管理办法》第三十四条第二项
30	承运人对运载的入境中转人员携带物未单独打板或者分舱运载的	《出入境人员携带物检疫管理办法》第二十五条第二款	《出入境人员携带物检疫管理办法》第三十四条第五项
31	在携带物品出入境中买卖卫生检疫单证的	《出入境人员携带物检疫管理办法》第三十九条第二款	《出入境人员携带物检疫管理办法》第三十九条第二款
32	在携带物品出入境中盗窃卫生检疫单证或者使用伪造、变造的卫生检疫单证的	《出入境人员携带物检疫管理办法》第四十条第二项	《出入境人员携带物检疫管理办法》第四十条第二项
33	在携带物品出入境中使用伪造、变造的国外官方机构出具的检疫证书的	《出入境人员携带物检疫管理办法》第四十条第三项	《出入境人员携带物检疫管理办法》第四十条第三项
34	以欺骗、贿赂等不正当手段取得特殊物品审批的	《出入境特殊物品卫生检疫管理规定》第二十八条第一项	《出入境特殊物品卫生检疫管理规定》第二十八条第一项
35	未经海关许可,擅自移运、销售、使用特殊物品的	《出入境特殊物品卫生检疫管理规定》第十七条/第二十一条第一款（结合具体情况选择适用）	《出入境特殊物品卫生检疫管理规定》第二十八条第二项
36	在出入境特殊物品中未向海关报检的	《出入境特殊物品卫生检疫管理规定》第十五条	《出入境特殊物品卫生检疫管理规定》第二十八条第三项
37	在出入境特殊物品中提供虚假材料,骗取检验检疫证单的	《出入境特殊物品卫生检疫管理规定》第二十八条第三项	《出入境特殊物品卫生检疫管理规定》第二十八条第三项
38	未在相应的生物安全等级实验室对特殊物品开展操作的	《出入境特殊物品卫生检疫管理规定》第二十四条第一项	《出入境特殊物品卫生检疫管理规定》第二十八条第四项
39	特殊物品使用单位不具备相应等级的生物安全控制能力的	《出入境特殊物品卫生检疫管理规定》第七条第二项	《出入境特殊物品卫生检疫管理规定》第二十八条第四项

续表 4

序号	违法情形	定性依据	处罚依据
40	未建立特殊物品使用、销售记录或者记录与实际不符的	《出入境特殊物品卫生检疫管理规定》第二十一条第二款	《出入境特殊物品卫生检疫管理规定》第二十八条第四项
41	未经海关同意，擅自使用需后续监管的入境特殊物品的	《出入境特殊物品卫生检疫管理规定》第二十三条	《出入境特殊物品卫生检疫管理规定》第二十八条第五项
42	未取得《中华人民共和国国境口岸卫生许可证》（以下简称《卫生许可证》）从事食品生产经营活动的	《国境口岸食品卫生监督管理规定》第七条	《国境口岸食品卫生监督管理规定》第二十九条第一项、《食品安全法》一百二十二条
43	伪造《卫生许可证》从事食品生产经营活动的	《国境口岸食品卫生监督管理规定》第二十九条第一项	《国境口岸食品卫生监督管理规定》第二十九条第一项、《食品安全法》一百二十二条
44	涂改、出借《卫生许可证》的	《国境口岸食品卫生监督管理规定》第二十九条第二项	《国境口岸食品卫生监督管理规定》第二十九条第二项及相关规定（结合具体情况选择适用）
45	允许未取得健康证明的从业人员上岗的，或者对患有有碍食品卫生安全的传染病的从业人员不按规定调离的	《国境口岸食品卫生监督管理规定》第十四条/第八条第四项（结合具体情况选择适用）	《国境口岸食品卫生监督管理规定》第二十九条第三项、《公共场所卫生管理条例》第十四条第二项
46	从业人员未取得健康证明而从事食品生产经营活动的	《公共场所卫生管理条例》第七条，《国境口岸食品卫生监督管理规定》第十四条	《公共场所卫生管理条例》第十四条第二项，《国境口岸食品卫生监督管理规定》第三十条一项
47	食品生产经营者超范围从事生产经营活动的	《国境口岸卫生许可管理办法》第四十三条第二款	《国境口岸卫生许可管理办法》第四十六条第二款
48	申请卫生许可证中提供虚假材料或者隐瞒真实情况的	《国境口岸卫生许可管理办法》第十八条	《国境口岸卫生许可管理办法》第四十七条第一项
49	申请人以欺骗、贿赂等不正当手段取得卫生许可的	《国境口岸卫生许可管理办法》第四十七条第二项	《国境口岸卫生许可管理办法》第四十七条第二项

续表 5

序号	违法情形	定性依据	处罚依据
50	涂改、出租、出借、非法转让、倒卖有效卫生许可证的	《国境口岸卫生许可管理办法》第四十三条第一款	《国境口岸卫生许可管理办法》第四十七条第三项
51	未依法取得卫生许可证擅自营业或者超范围经营的	《国境口岸卫生许可管理办法》第四十三条第二款	《国境口岸卫生许可管理办法》第四十八条第一项
52	未按照规定对公共场所的空气、微小气候、水质、采光、照明、噪声、顾客用品用具等进行卫生检测的	《公共场所卫生管理条例》第三条,《国境口岸卫生许可管理办法》相关规定（结合具体情况选择适用）	《国境口岸卫生许可管理办法》第四十八条第二项
53	未按照规定对顾客用品用具进行清洗、消毒、保洁，或者重复使用一次性用品用具的	《公共场所卫生管理条例》第三条第五项,《国境口岸卫生许可管理办法》相关规定（结合具体情况选择适用）	《国境口岸卫生许可管理办法》第四十八条第二项
54	经营者对发生的危害健康事故未立即采取处置措施，导致危害扩大，或者隐瞒、缓报、谎报的	《国境口岸卫生许可管理办法》第四十八条第三项	《国境口岸卫生许可管理办法》第四十八条第三项
55	出入境邮轮未按规定履行申报义务	《出入境邮轮检疫管理办法》第十条/第二十一条（结合具体情况选择适用）	《出入境邮轮检疫管理办法》第四十条第一项
56	邮轮运营方或邮轮上食品生产经营单位向未持有效国境口岸卫生许可证的食品生产经营单位采购食品的	《出入境邮轮检疫管理办法》第三十六条第二项	《出入境邮轮检疫管理办法》第四十条第二项
57	中国籍邮轮上食品生产经营单位、公共场所未取得有效国境口岸卫生许可证，从事生产经营活动的	《出入境邮轮检疫管理办法》第三十五条	《出入境邮轮检疫管理办法》第四十条第三项
58	食品、饮用水及公共场所不符合相关法律法规及卫生标准要求，邮轮运营方拒不整改的	《出入境邮轮检疫管理办法》第四十条第四项	《出入境邮轮检疫管理办法》第四十条第四项

续表6

序号	违法情形	定性依据	处罚依据
59	出入境邮轮发生突发公共卫生事件时，未按照海关要求及时报告	《出入境邮轮检疫管理办法》第二十七条	《出入境邮轮检疫管理办法》第四十条第五项
60	出入境邮轮发生突发公共卫生事件时，未按规定实施卫生处理、除害处理、封存或者销毁处理的	《出入境邮轮检疫管理办法》第三十条/第三十二条（结合具体情况选择适用）	《出入境邮轮检疫管理办法》第四十条第五项
61	邮轮运营方或者其代理人、邮轮上的食品从业人员发生突发公共卫生事件时，未按照规定报告	《出入境邮轮检疫管理办法》第二十七条/第二十八条（结合具体情况选择适用）	《出入境邮轮检疫管理办法》第四十条第六项
62	违反国境卫生检疫规定，出入境邮轮引起检疫传染病传播或者有引起检疫传染病传播严重危险	《出入境邮轮检疫管理办法》第四十一条及相关规定（结合具体情况选择适用）	《出入境邮轮检疫管理办法》第四十一条
63	口岸有关单位和个人向海关隐瞒、缓报或者谎报突发事件的	《国境口岸突发公共卫生事件出入境检验检疫应急处理规定》第十七条	《国境口岸突发公共卫生事件出入境检验检疫应急处理规定》第三十条第一项及相关规定（结合具体情况选择适用）
64	口岸有关单位和个人拒绝海关进入突发事件现场进行应急处理的	《国境口岸突发公共卫生事件出入境检验检疫应急处理规定》第八条、第九条	《国境口岸突发公共卫生事件出入境检验检疫应急处理规定》第三十条第二项及相关规定（结合具体情况选择适用）
65	口岸有关单位和个人以暴力或其他方式妨碍海关应急处理工作人员执行公务的	《国境口岸突发公共卫生事件出入境检验检疫应急处理规定》第三十条第三项	《国境口岸突发公共卫生事件出入境检验检疫应急处理规定》第三十条第三项及相关规定（结合具体情况选择适用）
66	未经许可，运输、携带国家禁止进境的微生物、人体组织、生物制品、血液及其制品或者其他可能引起传染病传播的动物和物品进出管理区的	《沙头角边境特别管理区进出物品检验检疫管理规定》第四条	《沙头角边境特别管理区进出物品检验检疫管理规定》第十五条

续表7

序号	违法情形	定性依据	处罚依据
67	未经检验检疫,将沙头角管理区内产生的或非管理区内产生的废旧物品、生活垃圾运出管理区的	《沙头角边境特别管理区进出物品检验检疫管理规定》第十一条/第十二条/第十三条（结合具体情况选择适用）	《沙头角边境特别管理区进出物品检验检疫管理规定》第二十条
68	海南出入境游艇艇上人员有其他应申报而未申报的或申报内容与实际不符的	《海南出入境游艇检疫管理办法》第六条/第七条/第九条/第二十三条（结合具体情况选择适用）	《海南出入境游艇检疫管理办法》第三十四条

表4 进出口食品安全监管

序号	违法情形	定性依据	处罚依据
1	提供虚假材料，进口不符合我国食品安全国家标准的食品、食品添加剂、食品相关产品	《食品安全法》第九十二条、第一百二十九条第一款第一项	《食品安全法》第一百二十九条第一款第一项、第一百二十四条
2	进口尚无食品安全国家标准的食品，未提交所执行的标准并经国务院卫生行政部门审查，或者进口利用新的食品原料生产的食品或者进口食品添加剂新品种、食品相关产品新品种，未通过安全性评估	《食品安全法》第九十三条第一款、第一百二十九条第一款第二项	《食品安全法》第一百二十九条第一款第二项、第一百二十四条
3	未遵守《食品安全法》的规定出口食品	《进出口食品安全管理办法》第七十二条，《食品安全法》第一百二十三条、第一百二十四条、第一百二十五条、第一百二十六条（结合具体情况选择适用）	《食品安全法》第一百二十九条第一款第三项、第一百二十四条
4	进口商在有关主管部门责令其依照本法规定召回进口的食品后，仍拒不召回	《食品安全法》第六十三条、第九十四条第三款，《食品安全法实施条例》第四十九条	《食品安全法》第一百二十九条第一款第四项、第一百二十四条
5	进口商未建立并遵守食品、食品添加剂进口和销售记录制度	《食品安全法》九十八条	《食品安全法》第一百二十九条第二款、第一百二十六条
6	进口商未建立并遵守境外出口商或者生产企业审核制度的	《食品安全法》第九十四条第二款，《食品安全法实施条例》第四十八条	《食品安全法》第一百二十九条第二款、第一百二十六条
7	供港澳蔬菜运输包装或者销售包装上加贴、加施的标识不符合要求的	《供港澳蔬菜检验检疫监督管理办法》第二十四条	《供港澳蔬菜检验检疫监督管理办法》第四十四条
8	对供港澳蔬菜在香港、澳门特别行政区发生质量安全事件隐瞒不报并造成严重后果的生产加工企业	《供港澳蔬菜检验检疫监督管理办法》第四十五条	《供港澳蔬菜检验检疫监督管理办法》第四十五条

续表1

序号	违法情形	定性依据	处罚依据
9	食品进口商备案内容发生变更，未按照规定向海关办理变更手续，情节严重的	《进出口食品安全管理办法》第二十条	《进出口食品安全管理办法》第六十八条第一款
10	食品进口商在备案中提供虚假备案信息的	《进出口食品安全管理办法》第十九条第三款、第六十八条第二款	《进出口食品安全管理办法》第六十八条第二款
11	境内进出口食品生产经营者不配合海关进出口食品安全核查工作，拒绝接受询问、提供材料，或者答复内容和提供材料与实际情况不符的	《进出口食品安全管理办法》第六十九条	《进出口食品安全管理办法》第六十九条
12	进口预包装食品未加贴中文标签或者中文标签不符合法律法规和食品安全国家标准，食品进口商拒不按照海关要求实施销毁、退运或者技术处理的	《食品安全法》第九十七条，《进出口食品安全管理办法》第三十条、第三十三条	《进出口食品安全管理办法》第七十条
13	未经海关允许，将进口食品提离海关指定或者认可的场所的	《进出口食品安全管理办法》第三十一条第一款	《进出口食品安全管理办法》第七十一条
备注	根据《食品安全法》第一百五十二条第四款规定，国境口岸食品的监督管理由出入境检验检疫机构依照本法以及有关法律、行政法规的规定实施，因此国境口岸食品的监督管理可适用《食品安全法》第九章法律责任及《食品安全法实施条例》第九章法律责任相关规定，在此不再一一列举。		

第四章
海关执法相关法律法规依据梳理

海关执法相关法规依据梳理

序号	法规名称	法条原文	海关职责
1	中华人民共和国档案法实施办法（2017年修订）	**第十八条** 各级国家档案馆馆藏的一级档案严禁出境。各级国家档案馆馆藏的二级档案需要出境的，必须经国家档案局审查批准。各级国家档案馆馆藏的三级档案、各级国家档案馆馆藏的一、二、三级档案以外的属于国家所有的档案和属于集体所有、个人所有以及其他不属于国家所有的对国家和社会具有保存价值的或者应当保密的档案及其复制件，各级国家档案馆以及机关、团体、企业事业单位、其他组织和个人需要携带、运输或者邮寄出境的，必须经省、自治区、直辖市人民政府档案行政管理部门审查批准，海关凭批准文件查验放行。	监管、查验
2	中华人民共和国军品出口管理条例（2002年修订）	**第十七条** 军品贸易公司在军品出口前，应当凭军品出口合同批准文件，向国家军品出口主管部门申请领取军品出口许可证；符合军品出口合同规定的，国家军品出口主管部门应当自收到申请之日起10日内签发军品出口许可证。 海关凭军品出口许可证接受申报，并按照国家有关规定验放。	监管
3	中华人民共和国邮政法实施细则	**第九条** 人民法院、检察机关依法没收国内邮件、汇款、储蓄存款时，必须出具法律文书，向相关县或者县级以上邮政企业、邮电管理局办理手续。没收进出口国际邮递物品应当由海关作出决定，并办理手续。 **第四十八条** 邮政企业依据运输工具到站（港）、离站（港）时间和运递时限制订的作业时间表应当在变更前三日通知海关。海关应当按照邮政企业通知的作业时间表派员到场监管国际邮袋、查验进出口国际邮递物品；逾时不到场，延误运递时限造成的相关责任，由海关承担。 海关依法查验国际邮包时，在设关地应当与用户当面查验。收、寄件人不能到场的，由海关开拆查验，邮政工作人员在场配合。被开拆查验的邮包，由海关和邮政企业共同封装，双方加具封签或者戳记。海关依法开拆查验的印刷品，应当重封并加具海关封签或者戳记。 **第四十九条** 用户交寄应当施行卫生检疫或者动植物检疫的邮件，必须附有检疫证书。检疫部门应当及时对邮件进行验放，以保征邮件的运递时限。 **第五十条** 海关、检疫部门依法查验国际邮递物品或者检疫邮件，应当注意爱护；需要封存时，除向寄件人或者收件人发出通知外，应当同邮政企业或者分支机构履行交接手续，并负责保管，封存期不得超过四十五日。特殊情况需要延长封存期的，应当征得邮政企业或者分支机构及寄件人或者收件人的同意，并以不致造成被封存国际邮递物品或者邮件的损失为前提。被封存国际邮递物品或者邮件退还邮政企业或者分支机构时，邮政工作人员应当核对无误后予以签收。	监管（查验）、检疫、联系配合

续表1

序号	法规名称	法条原文	海关职责
3	中华人民共和国邮政法实施细则	依法没收国际邮递物品或者经卫生、动植物检疫必须依法销毁的邮件，海关或者检疫部门应当出具没收或者检疫处理通知单，并及时通知寄件人或者收件人和邮政企业或者分支机构。 国际邮递物品在依法查验、封存期间，发生丢失、短少、损毁等，由海关或者检疫部门负责赔偿或处理。 **第五十一条** 依法查验邮递物品或者对邮件实施检疫需要使用邮政企业或者分支机构的场地和房屋时，由邮政企业与有关部门根据工作需要和实际可能协商解决。 **第五十二条** 由海关依法处理的无着进口国际邮包，海关应当支付相关邮政费用。 **第五十三条** 出口国际邮件的海关关单的传递方式由海关总署与邮电部商定。	监管（查验）、检疫、联系配合
4	快递暂行条例（2019年修订）	**第五条** 国务院邮政管理部门负责对全国快递业实施监督管理。国务院公安、国家安全、海关、工商行政管理等有关部门在各自职责范围内负责相关的快递监督管理工作。 省、自治区、直辖市邮政管理机构和按照国务院规定设立的省级以下邮政管理机构负责对本辖区的快递业实施监督管理。县级以上地方人民政府有关部门在各自职责范围内负责相关的快递监督管理工作。 **第六条** 国务院邮政管理部门和省、自治区、直辖市邮政管理机构以及省级以下邮政管理机构（以下统称邮政管理部门）应当与公安、国家安全、海关、工商行政管理等有关部门相互配合，建立健全快递安全监管机制，加强对快递业安全运行的监测预警，收集、共享与快递业安全运行有关的信息，依法处理影响快递业安全运行的事件。 **第十六条** 国家鼓励经营快递业务的企业依法开展进出境快递业务，支持在重点口岸建设进出境快件处理中心、在境外依法开办快递服务机构并设置快件处理场所。 海关、邮政管理等部门应当建立协作机制，完善进出境快件管理，推动实现快件便捷通关。 **第二十六条** 快件无法投递的，经营快递业务的企业应当退回寄件人或者根据寄件人的要求进行处理；属于进出境快件的，经营快递业务的企业应当依法办理海关和检验检疫手续。 快件无法投递又无法退回的，依照下列规定处理： （一）属于信件，自确认无法退回之日起超过6个月无人认领的，由经营快递业务的企业在所在地邮政管理部门的监督下销毁； （二）属于信件以外其他快件的，经营快递业务的企业应当登记，并按照国务院邮政管理部门的规定处理； （三）属于进境快件的，交由海关依法处理。	监管、检验检疫、联系配合

续表2

序号	法规名称	法条原文	海关职责
5	兽药管理条例（2020年修订）	**第三十五条** 境外企业不得在中国直接销售兽药。境外企业在中国销售兽药，应当依法在中国境内设立销售机构或者委托符合条件的中国境内代理机构。 进口在中国已取得进口兽药注册证书的兽药的，中国境内代理机构凭进口兽药注册证书到口岸所在地人民政府兽医行政管理部门办理进口兽药通关单。海关凭进口兽药通关单放行。兽药进口管理办法由国务院兽医行政管理部门会同海关总署制定。 兽用生物制品进口后，应当按照本条例第十九条的规定进行审查核对和抽查检验。其他兽药进口后，由当地兽医行政管理部门通知兽药检验机构进行抽查检验。	监管（通关）
6	中华人民共和国畜禽遗传资源进出境和对外合作研究利用审批办法	**第十五条** 从境外引进畜禽遗传资源、向境外输出列入畜禽遗传资源保护名录的畜禽遗传资源的单位，凭审批表办理检疫手续。海关凭出入境检验检疫部门出具的进出境货物通关单办理验放手续。从境外引进畜禽遗传资源、向境外输出列入畜禽遗传资源保护名录的畜禽遗传资源的单位，应当自海关放行之日起10个工作日内，将实际引进、输出畜禽遗传资源的数量报国务院畜牧兽医行政主管部门备案。国务院畜牧兽医行政主管部门应当定期将有关资料抄送国务院环境保护行政主管部门。 **第二十六条** 未经审核批准，向境外输出列入畜禽遗传资源保护名录的畜禽遗传资源的，依照《中华人民共和国海关法》的有关规定追究法律责任。海关应当将扣留的畜禽遗传资源移送省、自治区、直辖市人民政府畜牧兽医行政主管部门处理。	检疫、监管、移交
7	易制毒化学品管理条例（2018年修订）	**第三条** 国务院公安部门、药品监督管理部门、安全生产监督管理部门、商务主管部门、卫生主管部门、海关总署、价格主管部门、铁路主管部门、交通主管部门、市场监督管理部门、生态环境主管部门在各自的职责范围内，负责全国的易制毒化学品有关管理工作；县级以上地方各级人民政府有关行政主管部门在各自的职责范围内，负责本行政区域内的易制毒化学品有关管理工作。县级以上地方各级人民政府应当加强对易制毒化学品管理工作的领导，及时协调解决易制毒化学品管理工作中的问题。 **第二十九条** 国家对易制毒化学品的进口、出口实行国际核查制度。易制毒化学品国际核查目录及核查的具体办法，由国务院商务主管部门会同国务院公安部门规定、公布。 国际核查所用时间不计算在许可期限之内。 对向毒品制造、贩运情形严重的国家或者地区出口易制毒化学品以及本条例规定品种以外的化学品的，可以在国际核查措施以外实施其他管制措施，具体办法由国务院商务主管部门会同国务院公安部门、海关总署等有关部门规定、公布。	监管、行政处罚

续表3

序号	法规名称	法条原文	海关职责
7	易制毒化学品管理条例（2018年修订）	**第三十条** 进口、出口或者过境、转运、通运易制毒化学品的，应当如实向海关申报，并提交进口或者出口许可证。海关凭许可证办理通关手续。 易制毒化学品在境外与保税区、出口加工区等海关特殊监管区域、保税场所之间进出的，适用前款规定。 易制毒化学品在境内与保税区、出口加工区等海关特殊监管区域、保税场所之间进出的，或者在上述海关特殊监管区域、保税场所之间进出的，无须申请易制毒化学品进口或者出口许可证。 进口第一类中的药品类易制毒化学品，还应当提交药品监督管理部门出具的进口药品通关单。 **第三十一条** 进出境人员随身携带第一类中的药品类易制毒化学品药品制剂和高锰酸钾，应当以自用且数量合理为限，并接受海关监管。 进出境人员不得随身携带前款规定以外的易制毒化学品。 **第三十二条** 县级以上人民政府公安机关、负责药品监督管理的部门、安全生产监督管理部门、商务主管部门、卫生主管部门、价格主管部门、铁路主管部门、交通主管部门、市场监督管理部门、生态环境主管部门和海关，应当依照本条例和有关法律、行政法规的规定，在各自的职责范围内，加强对易制毒化学品生产、经营、购买、运输、价格以及进口、出口的监督检查；对非法生产、经营、购买、运输易制毒化学品，或者走私易制毒化学品的行为，依法予以查处。 前款规定的行政主管部门在进行易制毒化学品监督检查时，可以依法查看现场、查阅和复制有关资料、记录有关情况、扣押相关的证据材料和违法物品；必要时，可以临时查封有关场所。 被检查的单位或者个人应当如实提供有关情况和材料、物品，不得拒绝或者隐匿。 **第三十三条** 对依法收缴、查获的易制毒化学品，应当在省、自治区、直辖市或者设区的市级人民政府公安机关、海关或者生态环境主管部门的监督下，区别易制毒化学品的不同情况进行保管、回收，或者依照环境保护法律、行政法规的有关规定，由有资质的单位在生态环境主管部门的监督下销毁。其中，对收缴、查获的第一类中的药品类易制毒化学品，一律销毁。 **第三十九条** 违反本条例规定，走私易制毒化学品的，由海关没收走私的易制毒化学品；有违法所得的，没收违法所得，并依照海关法律、行政法规给予行政处罚；构成犯罪的，依法追究刑事责任。	监管、行政处罚

续表4

序号	法规名称	法条原文	海关职责
8	民用爆炸物品安全管理条例（2014年修订）	第二十五条 进出口民用爆炸物品，应当经国务院民用爆炸物品行业主管部门审批。进出口民用爆炸物品审批办法，由国务院民用爆炸物品行业主管部门会同国务院公安部门、海关总署规定。 进出口单位应当将进出口的民用爆炸物品的品种、数量向收货地或者出境口岸所在地县级人民政府公安机关备案。	监管
9	优化营商环境条例	第四十五条 政府及其有关部门应当按照国家促进跨境贸易便利化的有关要求，依法削减进出口环节审批事项，取消不必要的监管要求，优化简化通关流程，提高通关效率，清理规范口岸收费，降低通关成本，推动口岸和国际贸易领域相关业务统一通过国际贸易"单一窗口"办理。	监管
10	中华人民共和国濒危野生动植物进出口管理条例（2019年修订）	第十九条 进口或者出口濒危野生动植物及其产品的，应当在国务院野生动植物主管部门会同海关总署指定并经国务院批准的口岸进行。 第二十一条 进口或者出口濒危野生动植物及其产品的，应当向海关提交允许进出口证明书，接受海关监管，并自海关放行之日起30日内，将海关验讫的允许进出口证明书副本交国家濒危物种进出口管理机构备案。 过境、转运和通运的濒危野生动植物及其产品，自入境起至出境前由海关监管。 进出保税区、出口加工区等海关特定监管区域和保税场所的濒危野生动植物及其产品，应当接受海关监管，并按照海关总署和国家濒危物种进出口管理机构的规定办理进出口手续。 进口或者出口濒危野生动植物及其产品的，应当凭允许进出口证明书向海关报检，并接受检验检疫。 第二十六条 非法进口、出口或者以其他方式走私濒危野生动植物及其产品的，由海关依照海关法的有关规定予以处罚；情节严重，构成犯罪的，依法追究刑事责任。罚没的实物移交野生动植物主管部门依法处理；罚没的实物依法需要实施检疫的，经检疫合格后，予以处理。罚没的实物需要返还原出口国（地区）的，应当由野生动植物主管部门移交国家濒危物种进出口管理机构依照公约规定处理。	监管、行政处罚、检疫
11	农业机械安全监督管理条例	第十三条 进口的农业机械应当符合我国农业机械安全技术标准，并依法由出入境检验检疫机构检验合格。依法必须进行认证的农业机械，还应当由出入境检验检疫机构进行入境验证。	检验、验证

续表5

序号	法规名称	法条原文	海关职责
12	中华人民共和国烟草专卖法实施条例（2023年修订）	**第三十五条** 海关监管的烟草制品的转关运输，按照国家有关海关转关运输的规定办理运输手续。 **第四十一条** 免税进口的烟草制品应当存放在海关指定的保税仓库内，并由国务院烟草专卖行政主管部门指定的地方烟草专卖行政主管部门与海关共同加锁管理。海关凭国务院烟草专卖行政主管部门批准的免税进口计划分批核销免税进口外国烟草制品的数量。 **第四十二条** 在海关监管区内经营免税的卷烟、雪茄烟的，只能零售，并应当在卷烟、雪茄烟的小包、条包上标注国务院烟草专卖行政主管部门规定的专门标志。 **第四十三条** 专供出口的卷烟、雪茄烟，应当在小包、条包上标注"专供出口"中文字样。	监管、征税
13	北京市新技术产业开发试验区暂行条例	**第七条** 试验区内的新技术企业生产出口产品所需的进口原材料和零部件，免领进口许可证，海关凭合同和北京市人民政府指定部门的批准文件验收。经海关批准，在试验区内可以设立保税仓库、保税工厂，海关按照进料加工，对进口的原材料和零部件进行监管；按实际加工出口数量，免征进口关税和进口环节产品税或增值税，出口产品免征出口关税。保税货物转为内销，必须经原审批部门批准和海关许可，并照章纳税。属于国家限制进口或者实行进口许可证管理的产品，需按国家有关规定补办进口批件或进口许可证。 新技术企业用于新技术开发，进口国内不能生产的仪器和设备，凭审批部门的批准文件，经海关审核后，五年内免征进口关税。 海关可在试验区内设置机构或派驻监督小组。	监管、征税
14	中华人民共和国人类遗传资源管理条例	**第二十七条** 利用我国人类遗传资源开展国际合作科学研究，或者因其他特殊情况确需将我国人类遗传资源材料运送、邮寄、携带出境的，应当符合下列条件，并取得国务院科学技术行政部门出具的人类遗传资源材料出境证明： （一）对我国公众健康、国家安全和社会公共利益没有危害； （二）具有法人资格； （三）有明确的境外合作方和合理的出境用途； （四）人类遗传资源材料采集合法或者来自合法的保藏单位； （五）通过伦理审查 利用我国人类遗传资源开展国际合作科学研究，需要将我国人类遗传资源材料运送、邮寄、携带出境的，可以单独提出申请，也可以在开展国际合作科学研究申请中列明出境计划一并提出申请，由国务院科学技术行政部门合并审批。 将我国人类遗传资源材料运送、邮寄、携带出境的，凭人类遗传资源材料出境证明办理海关手续。	监管、联系配合、移送处理

续表6

序号	法规名称	法条原文	海关职责
14	中华人民共和国人类遗传资源管理条例	第三十八条 违反本条例规定，未经批准将我国人类遗传资源材料运送、邮寄、携带出境的，由海关依照法律、行政法规的规定处罚。科学技术行政部门应当配合海关开展鉴定等执法协助工作。海关应当将依法没收的人类遗传资源材料移送省、自治区、直辖市人民政府科学技术行政部门进行处理。	监管、联系配合、移送处理
15	中华人民共和国境内外国人宗教活动管理规定	第六条 外国人进入中国国境，可以携带本人自用的宗教印刷品、宗教音像制品和其他宗教用品；携带超出本人自用的宗教印制品、宗教音像制品和其他宗教用品入境，按照中国海关的有关规定办理。禁止携带有危害中国社会公共利益内容的宗教印刷品和宗教音像制品入境。	监管
16	宗教事务条例（2017年修订）	第四十六条 超出个人自用、合理数量的宗教类出版物及印刷品进境，或者以其他方式进口宗教类出版物及印刷品，应当按照国家有关规定办理。	监管
17	危险废物经营许可证管理办法（2016年修订）	第十五条 禁止无经营许可证或者不按照经营许可证规定从事危险废物收集、贮存、处置经营活动。 禁止从中华人民共和国境外进口或者经中华人民共和国过境转移电子类危险废物。 禁止将危险废物提供或者委托给无经营许可证的单位从事收集、贮存、处置经营活动。 禁止伪造、变造、转让危险废物经营许可证。 第二十五条 违反本办法第十五条第一款、第二款、第三款规定的，依照《中华人民共和国固体废物污染环境防治法》的规定予以处罚。 违反本办法第十五条第四款规定的，由县级以上地方人民政府环境保护主管部门收缴危险废物经营许可证或者由原发证机关吊销危险废物经营许可证，并处5万元以上10万元以下的罚款；构成犯罪的，依法追究刑事责任。	监管、行政处罚、移交
18	放射性同位素与射线装置安全和防护条例（2019年修订）	第十六条 国务院对外贸易主管部门会同国务院生态环境主管部门、海关总署和生产放射性同位素的单位的行业主管部门制定并公布限制进出口放射性同位素目录和禁止进出口放射性同位素目录。 进口列入限制进出口目录的放射性同位素，应当在国务院生态环境主管部门审查批准后，由国务院对外贸易主管部门依据国家对外贸易的有关规定签发进口许可证。 进口限制进出口目录和禁止进出口目录之外的放射性同位素，依据国家对外贸易的有关规定办理进口手续。 第十七条 申请进口列入限制进出口目录的放射性同位素，应当符合下列要求： （一）进口单位已经取得与所从事活动相符的许可证； （二）进口单位具有进口放射性同位素使用期满后的处理方案，其中，进口Ⅰ类、Ⅱ类、Ⅲ类放射源的，应当具有原出口方负责回收的承诺文件；	监管

续表7

序号	法规名称	法条原文	海关职责
18	放射性同位素与射线装置安全和防护条例（2019年修订）	（三）进口的放射源应当有明确标号和必要说明文件，其中，Ⅰ类、Ⅱ类、Ⅲ类放射源的标号应当刻制在放射源本体或者密封包壳体上，Ⅳ类、Ⅴ类放射源的标号应当记录在相应说明文件中； （四）将进口的放射性同位素销售给其他单位使用的，还应当具有与使用单位签订的书面协议以及使用单位取得的许可证复印件。 **第十八条** 进口列入限制进出口目录的放射性同位素的单位，应当向国务院生态环境主管部门提出进口申请，并提交符合本条例第十七条规定要求的证明材料。 国务院生态环境主管部门应当自受理申请之日起10个工作日内完成审查，符合条件的，予以批准；不符合条件的，书面通知申请单位并说明理由。 海关验凭放射性同位素进口许可证办理有关进口手续。 进口放射性同位素的包装材料依法需要实施检疫的，依照国家有关检疫法律、法规的规定执行。 对进口的放射源，国务院生态环境主管部门还应当同时确定与其标号相对应的放射源编码。 **第二十六条** 出口列入限制进出口目录的放射性同位素，应当提供进口方可以合法持有放射性同位素的证明材料，并由国务院生态环境主管部门依照有关法律和我国缔结或者参加的国际条约、协定的规定，办理有关手续。 出口放射性同位素应当遵守国家对外贸易的有关规定。	监管
19	民用核安全设备监督管理条例（2019年修订）	**第三十三条** 国务院核安全监管部门及其所属的检验机构应当依法对进口的民用核安全设备进行安全检验。 进口的民用核安全设备在安全检验合格后，由海关进行商品检验。 **第三十六条** 民用核安全设备的出口管理依照有关法律、行政法规的规定执行。	监管、检验
20	废弃电器电子产品回收处理管理条例（2019年修订）	**第四条** 国务院生态环境主管部门会同国务院资源综合利用、工业信息产业主管部门负责组织拟订废弃电器电子产品回收处理的政策措施并协调实施，负责废弃电器电子产品处理的监督管理工作。国务院商务主管部门负责废弃电器电子产品回收的管理工作。国务院财政、市场监督管理、税务、海关等主管部门在各自职责范围内负责相关管理工作。 **第九条** 属于国家禁止进口的废弃电器电子产品，不得进口。 **第十条** 电器电子产品生产者、进口电器电子产品的收货人或者其代理人生产、进口的电器电子产品应当符合国家有关电器电子产品污染控制的规定，采用有利于资源综合利用和无害化处理的设计方案，使用无毒无害或者低毒低害以及便于回收利用的材料。 电器电子产品上或者产品说明书中应当按照规定提供有关有毒有害物质含量、回收处理提示性说明等信息。	监管

续表8

序号	法规名称	法条原文	海关职责
21	放射性物品运输安全管理条例	**第三条** 根据放射性物品的特性及其对人体健康和环境的潜在危害程度，将放射性物品分为一类、二类和三类。 一类放射性物品，是指Ⅰ类放射源、高水平放射性废物、乏燃料等释放到环境后对人体健康和环境产生重大辐射影响的放射性物品。 二类放射性物品，是指Ⅱ类和Ⅲ类放射源、中等水平放射性废物等释放到环境后对人体健康和环境产生一般辐射影响的放射性物品。 三类放射性物品，是指Ⅳ类和Ⅴ类放射源、低水平放射性废物、放射性药品等释放到环境后对人体健康和环境产生较小辐射影响的放射性物品。 放射性物品的具体分类和名录，由国务院核安全监管部门会同国务院公安、卫生、海关、交通运输、铁路、民航、核工业行业主管部门制定。 **第四十一条** 一类放射性物品从境外运抵中华人民共和国境内，或者途经中华人民共和国境内运输的，托运人应当编制放射性物品运输的核与辐射安全分析报告书，报国务院核安全监管部门审查批准。审查批准程序依照本条例第三十五条第三款的规定执行。 二类、三类放射性物品从境外运抵中华人民共和国境内，或者途经中华人民共和国境内运输的，托运人应当编制放射性物品运输的辐射监测报告，报国务院核安全监管部门备案。 托运人、承运人或者其代理人向海关办理有关手续，应当提交国务院核安全监管部门颁发的放射性物品运输的核与辐射安全分析报告批准书或者放射性物品运输的辐射监测报告备案证明。 **第六十条** 托运人或者承运人在放射性物品运输活动中，有违反有关法律、行政法规关于危险货物运输管理规定行为的，由交通运输、铁路、民航等有关主管部门依法予以处罚。 违反有关法律、行政法规规定邮寄放射性物品的，由公安机关和邮政管理部门依法予以处罚。在邮寄进境物品中发现放射性物品的，由海关依照有关法律、行政法规的规定处理。 **第六十四条** 未取得放射性物品运输的核与辐射安全分析报告批准书或者放射性物品运输的辐射监测报告备案证明，将境外的放射性物品运抵中华人民共和国境内，或者途经中华人民共和国境内运输的，由海关责令托运人退运该放射性物品，并依照海关法律、行政法规给予处罚；构成犯罪的，依法追究刑事责任。托运人不明的，由承运人承担退运该放射性物品的责任，或者承担该放射性物品的处置费用。	监管、行政处罚

续表9

序号	法规名称	法条原文	海关职责
22	消耗臭氧层物质管理条例（2018年修订）	**第四条** 国务院环境保护主管部门统一负责全国消耗臭氧层物质的监督管理工作。 国务院商务主管部门、海关总署等有关部门依照本条例的规定和各自的职责负责消耗臭氧层物质的有关监督管理工作。 县级以上地方人民政府环境保护主管部门和商务等有关部门依照本条例的规定和各自的职责负责本行政区域消耗臭氧层物质的有关监督管理工作。 **第二十二条** 国家对进出口消耗臭氧层物质予以控制，并实行名录管理。国务院环境保护主管部门会同国务院商务主管部门、海关总署制定、调整和公布《中国进出口受控消耗臭氧层物质名录》。 进出口列入《中国进出口受控消耗臭氧层物质名录》的消耗臭氧层物质的单位，应当依照本条例的规定向国家消耗臭氧层物质进出口管理机构申请进出口配额，领取进出口审批单，并提交拟进出口的消耗臭氧层物质的品种、数量、来源、用途等情况的材料。 **第二十四条** 取得消耗臭氧层物质进出口审批单的单位，应当按照国务院商务主管部门的规定申请领取进出口许可证，持进出口许可证向海关办理通关手续。列入《出入境检验检疫机构实施检验检疫的进出境商品目录》的消耗臭氧层物质，由出入境检验检疫机构依法实施检验。 消耗臭氧层物质在中华人民共和国境内的海关特殊监管区域、保税监管场所与境外之间进出的，进出口单位应当依照本条例的规定申请领取进出口审批单、进出口许可证；消耗臭氧层物质在中华人民共和国境内的海关特殊监管区域、保税监管场所与境内其他区域之间进出的，或者在上述海关特殊监管区域、保税监管场所之间进出的，不需要申请领取进出口审批单、进出口许可证。 **第二十五条** 县级以上人民政府环境保护主管部门和其他有关部门，依照本条例的规定和各自的职责对消耗臭氧层物质的生产、销售、使用和进出口等活动进行监督检查。 **第四十条** 进出口单位无进出口许可证或者超出进出口许可证的规定进出口消耗臭氧层物质的，由海关依照有关法律、行政法规的规定予以处罚；构成犯罪的，依法追究刑事责任。	监管、检验检疫、行政处罚
23	进口影片管理办法	**第二条** 凡属从外国及港澳地区进口发行影片或试映拷贝（包括35毫米，16毫米、超8毫米、影片录相带和影片视盘等，以下统称影片）的业务，统由中国电影发行放映公司（以下简称中影公司）经营管理。 影片进口时，由海关凭中影公司填报的进口货物报关单核查放行。属于在全国发行的商业性影片，应在进口时办理纳税手续；属于非商业性影片，应予免税；属于非商业性性影片，进口后经过批准在全国发行的，由中影公司按章向北京海关办理补税手续。	监管、征税

续表10

序号	法规名称	法条原文	海关职责
23	进口影片管理办法	**第三条** 中国电影资料馆进口的资料影片（包括中国电影资料馆与外国电影资料馆互相购销、交换、赠送或通过其他途径购作资料的影片），属于非商业性影片，海关凭该馆填报的进口货物报关单核查免税放行。 进口的资料影片，如经批准，需向全国发行的，由中影公司按章向北京海关办理补税手续。 **第四条** 科学技术、工业、农业、教育、卫生、新闻、外贸、外事等单位，因业务需要进口的专业性纪录、科教影片，属于国务院系统的单位进口的，由国务院各部委（总局）审批，属于地方单位进口的，由省、自治区、直辖市人民政府审批。 影片进口时，海关凭有关部委（总局）或省、自治区、直辖市人民政府的批准文件和申请单位填报的进口货物报关单一式三份核查免税放行，并将盖有海关印章的报关单一份转送文化部电影事业管理局备案。 **第五条** 外国、港澳地区及台湾省的团体或个人运进给机关、团体、学校等单位的故事片，凡属国务院系统的单位接受的，须经文化部电影事业管理局审批；属地方单位接受的，须经省、自治区、直辖市文化局（电影局）审批，并抄送文化部电影事业管理局备案。 影片进口时，海关凭接受单位填报的进口货物报关单和批准文件核查免税放行。 接受单位应当将接收的影片交中国电影资料馆统一保管。如因业务上特殊需要，接受单位可以凭上级主管部门的批准文件向该馆提取，供有关人员参考借鉴，但不准外借，不准招待映出，不准拿到社会上公开放映。借鉴后仍送回中国电影资料馆保管。 进口的故事影片，如经批准在全国发行的，应由中影公司向海关办理补税手续。 **第六条** 对外国人和华侨、港澳及台湾省同胞等邮寄或者入境随身携带属于赠给我国个人作为业务参考的科教影片，海关应准许进口，并凭接受影片的个人填报的进口货物报关单及其所在单位的证明信件核查免税放行。 属于赠给我国个人的故事影片，一般地不准进口，海关予以退运。如遇特殊情况，由文化部和海关总署研究处理。 对外国驻华使（领）馆人员、外国工商企业派我国的常驻人员（包括外国常驻记者）和应聘来华工作的外国专家（包括文教、经济、科技专家）携带（或者从国外邮寄给他们）的影片，按海关现行有关规定办理。影片进口后应由有关部门严格控制，只限他们在内部放映；我方单位或个人不许借映。 **第七条** 除香港长城、凤凰、新联三公司回内地拍片，由国务院港澳办公室同有关地区和有关单位直接联系外，凡属中外或我与港澳地区及台湾省的合制业务，统由中国电影合作制片公司管理。合拍影片的进口，由中国电影合作制片公司向海关办理进口报关手续；其中批准在全国发行的，则由中影公司按章向北京海关办理补税手续。 **第八条** 对违反规定进口的或走私进口的影片，海关按有关规定处理；对没收的影片，凡有保留参考价值的可转送文化部电影事业管理局交中国电影资料馆保存。	监管、征税

续表11

序号	法规名称	法条原文	海关职责
24	中华人民共和国水下文物保护管理条例（2022年修订）	**第八条** 严禁破坏、盗捞、哄抢、私分、藏匿、倒卖、走私水下文物等行为。 在中国管辖水域内开展科学考察、资源勘探开发、旅游、潜水、捕捞、养殖、采砂、排污、倾废等活动的，应当遵守有关法律、法规的规定，并不得危及水下文物的安全。	监管、移送
25	卫星电视广播地面接收设施管理规定（2018年修订）	**第三条** 国家对卫星地面接收设施的生产、进口、销售、安装和使用实行许可制度。 生产、进口、销售、安装和使用卫星地面接收设施许可的条件，由国务院有关行政部门规定。 **第五条** 进口卫星地面接收设施必须持国务院广播电视行政管理部门开具的证明，进口卫星地面接收设施的专用元部件必须持国务院电子工业行政部门开具的证明，到国务院机电产品进出口行政部门办理审批手续，海关凭审查批准文件放行。 禁止个人携带、邮寄卫星地面接收设施入境。	监管
26	传统工艺美术保护条例（2013年修订）	**第十一条** 国家对珍品采取下列保护措施： （一）国家征集、收购的珍品由中国工艺美术馆或者省、自治区、直辖市工艺美术馆、博物馆珍藏。 （二）珍品禁止出口。珍品出国展览必须经国务院负责传统工艺美术保护工作的部门会同国务院有关部门批准。 **第十九条** 违反本条例规定，有下列行为之一的，由有关部门依照有关法律、行政法规的规定，给予行政处分或者行政处罚；构成犯罪，依法追究刑事责任： （一）窃取或者泄露传统工艺美术技艺秘密的； （二）非法开采用于制作传统工艺美术的珍稀矿产资源或者盗卖用于制作传统工艺美术的珍稀矿产品的； （三）私运珍品出境。 制作、出售假冒中国工艺美术大师署名的传统工艺美术作品的，应当依法承担民事责任；有关部门可以依照有关法律、行政法规的规定给予行政处罚。	监管、行政处罚
27	音像制品管理条例（2020年修订）	**第二十七条** 音像制品成品进口业务由国务院出版行政主管部门批准的音像制品成品进口经营单位经营；未经批准，任何单位或者个人不得经营音像制品成品进口业务。 **第二十八条** 进口用于出版的音像制品，以及进口用于批发、零售、出租等的音像制品成品，应当报国务院出版行政主管部门进行内容审查。 国务院出版行政主管部门应当自收到音像制品内容审查申请书之日起30日内作出批准或者不批准的决定，并通知申请人。批准的，发给批准文件；不批准的，应当说明理由。 进口用于出版的音像制品的单位、音像制品成品进口经营单位应当持国务院出版行政主管部门的批准文件到海关办理进口手续。 **第三十条** 进口供研究、教学参考的音像制品，应当委托音像制品成品进口经营单位依照本条例第二十八条的规定办理。 进口用于展览、展示的音像制品，经国务院出版行政主管部门批准后，到海关办理临时进口手续。	监管、行政处罚

续表12

序号	法规名称	法条原文	海关职责
27	音像制品管理条例（2020年修订）	依照本条规定进口的音像制品，不得进行经营性复制、批发、零售、出租和放映。 **第四十一条** 走私音像制品的，依照刑法关于走私罪的规定，依法追究刑事责任；尚不够刑事处罚的，由海关依法给予行政处罚。	监管、行政处罚
28	电影管理条例	**第二十条** 中外合作摄制电影片需要进口设备、器材、胶片、道具的，中方合作者应当持国务院广播电影电视行政部门的批准文件到海关办理进口或者临时进口手续。 **第二十三条** 电影洗印单位不得洗印加工未取得《摄制电影许可证》或者《摄制电影片许可证（单片）》的单位摄制的电影底片、样片，不得洗印加工未取得《电影片公映许可证》的电影片拷贝。 电影洗印单位接受委托洗印加工境外的电影底片、样片和电影片拷贝的，应当事先经国务院广播电影电视行政部门批准，并持批准文件依法向海关办理有关进口手续。洗印加工的电影底片、样片和电影片拷贝必须全部运输出境。 **第三十一条** 进口供公映的电影片，进口前应当报送电影审查机构审查。 报送电影审查机构审查的电影片，由指定的电影进口经营单位持国务院广播电影电视行政部门的临时进口批准文件到海关办理电影片临时进口手续；临时进口的电影片经电影审查机构审查合格并发给《电影片公映许可证》和进口批准文件后，由电影进口经营单位持进口批准文件到海关办理进口手续。 **第三十二条** 进口供科学研究、教学参考的专题片，进口单位应当报经国务院有关行政主管部门审查批准，持批准文件到海关办理进口手续，并于进口之日起30日内向国务院广播电影电视行政部门备案。但是，不得以科学研究、教学的名义进口故事片。 中国电影资料馆进口电影资料片，可以直接到海关办理进口手续。中国电影资料馆应当将其进口的电影资料片按季度向国务院广播电影电视行政部门备案。 除本条规定外，任何单位或者个人不得进口未经国务院广播电影电视行政部门审查合格的电影片。 **第三十四条** 电影制片单位出口本单位制作的电影片的，应当持《电影片公映许可证》到海关办理电影片出口手续。 中外合作摄制电影片出口的，中方合作者应当持《电影片公映许可证》到海关办理出口手续。中外合作摄制电影片素材出口的，中方合作者应当持国务院广播电影电视行政部门的批准文件到海关办理出口手续。 中方协助摄制电影片或者电影片素材出境的，中方协助者应当持国务院广播电影电视行政部门的批准文件到海关办理出境手续。 **第三十五条** 举办中外电影展、国际电影节，提供电影片参加境外电影展、电影节等，应当报国务院广播电影电视行政部门批准。	监管、行政处罚

续表13

序号	法规名称	法条原文	海关职责
28	电影管理条例	参加前款规定的电影展、电影节的电影片，须报国务院广播电影电视行政部门审查批准。参加境外电影展、电影节的电影片经批准后，参展者应当持国务院广播电影电视行政部门的批准文件到海关办理电影片临时出口手续。参加在中国境内举办的中外电影展、国际电影节的境外电影片经批准后，举办者应当持国务院广播电影电视行政部门的批准文件到海关办理临时进口手续。 第五十七条 走私电影片，依照刑法关于走私罪的规定，依法追究刑事责任；尚不够刑事处罚的，由海关依法给予行政处罚。	监管、行政处罚
29	出版管理条例（2020年修订）	第四十三条 设立出版物进口经营单位，应当向国务院出版行政主管部门提出申请，经审查批准，取得国务院出版行政主管部门核发的出版物进口经营许可证后，持证到工商行政管理部门依法领取营业执照。 设立出版物进口经营单位，还应当依照对外贸易法律、行政法规的规定办理相应手续。 第四十六条 出版物进口经营单位应当在进口出版物前将拟进口的出版物目录报省级以上人民政府出版行政主管部门备案；省级以上人民政府出版行政主管部门发现有禁止进口的或者暂缓进口的出版物的，应当及时通知出版物进口经营单位并通报海关。对通报禁止进口或者暂缓进口的出版物，出版物进口经营单位不得进口，海关不得放行。 出版物进口备案的具体办法由国务院出版行政主管部门制定。 第六十四条 走私出版物的，依照刑法关于走私罪的规定，依法追究刑事责任；尚不够刑事处罚的，由海关依照海关法的规定给予行政处罚。	监管、行政处罚
30	中华人民共和国文物保护法实施条例（2017年第二次修订）	第四十七条 经审核允许出境的文物，由国务院文物行政主管部门发给文物出境许可证，并由文物进出境审核机构标明文物出境标识。经审核允许出境的文物，应当从国务院文物行政主管部门指定的口岸出境。海关查验文物出境标识后，凭文物出境许可证放行。 经审核不允许出境的文物，由文物进出境审核机构发还当事人。 第五十二条 临时进境的文物，经海关将文物加封后，交由当事人报文物进出境审核机构审核、登记。文物进出境审核机构查验海关封志完好无损后，对每件临时进境文物标明文物临时进境标识，并登记拍照。 临时进境文物复出境时，应当由原审核、登记的文物进出境审核机构核对入境登记拍照记录，查验文物临时进境标识无误后标明文物出境标识，并由国务院文物行政主管部门发给文物出境许可证。 未履行本条第一款规定的手续临时进境的文物复出境的，依照本章关于文物出境的规定办理。	监管

118

续表14

序号	法规名称	法条原文	海关职责
30	中华人民共和国文物保护法实施条例（2017年第二次修订）	**第五十四条** 公安机关、工商行政管理、文物、海关、城乡规划、建设等有关部门及其工作人员，违反本条例规定，滥用审批权限、不履行职责或者发现违法行为不予查处的，对负有责任的主管人员和其他直接责任人员依法给予行政处分；构成犯罪的，依法追究刑事责任。	监管
31	博物馆条例	**第二十七条** 博物馆藏品属于文物或者古生物化石的，其取得、保护、管理、展示、处置、进出境等还应当分别遵守有关文物保护、古生物化石保护的法律、行政法规的规定。	监管
32	外国人来华登山管理办法	**第二十一条** 外国人携带登山所需物资入境，按"特准进口物品"和"暂时进口物品"分别审报。经海关核准后，办理税收、担保手续。 **第二十二条** 登山物资中合理数量的专用食品、急救药品、防寒衣物、燃料等消耗性物品，可以特准免税入境；超过合理数量的，应当纳税。 国家有关部门允许的通讯、摄影、录像、测绘器材和专用运输工具可以暂时免税入境。登山活动结束，上述物资应当复运出境。如因特殊原因无法复运出境的，应当通过国家体委依照国家有关规定办理手续。 **第二十三条** 外国团队、中外联合团队登山时采集的标本、样品、化石以及制作的音像资料，经有关部门检验许可后，方可携带出境。	监管、征税、检验
33	反兴奋剂条例（2018年修订）	**第二条** 本条例所称兴奋剂，是指兴奋剂目录所列的禁用物质等。兴奋剂目录由国务院体育主管部门会同国务院药品监督管理部门、国务院卫生主管部门、国务院商务主管部门和海关总署制定、调整并公布。 **第十一条** 进口蛋白同化制剂、肽类激素，除依照药品管理法及其实施条例的规定取得国务院药品监督管理部门发给的进口药品注册证书外，还应当取得省、自治区、直辖市人民政府药品监督管理部门颁发的进口准许证。 申请进口蛋白同化制剂、肽类激素，应当说明其用途。省、自治区、直辖市人民政府药品监督管理部门应当自收到申请之日起15个工作日内作出决定；对用途合法的，应当予以批准，发给进口准许证。海关凭进口准许证放行。 **第十二条** 申请出口蛋白同化制剂、肽类激素，应当说明供应对象并提交进口国政府主管部门的相关证明文件等资料。省、自治区、直辖市人民政府药品监督管理部门应当自收到申请之日起15个工作日内作出决定；提交进口国政府主管部门的相关证明文件等资料的，应当予以批准，发给出口准许证。海关凭出口准许证放行。	监管

119

续表15

序号	法规名称	法条原文	海关职责
34	中华人民共和国国务院关于管理外国企业常驻代表机构的暂行规定	第十条 常驻代表机构及其人员进口所需要的办公、生活用品和交通工具,应当向中国海关申报,并照章缴纳关税和工商统一税。 进口的交通车辆船舶,应当向当地公安机关登记,领取牌照、执照,并向当地税务机关缴纳车辆、船舶使用牌照税。 上述进口物品不得私自转让、出售。需要转让、出售的,应当事先向海关提出申请,获取批准。出售进口物品,只准售予指定商店。	监管、征税
35	地方口岸管理机构职责范围暂行规定	五、督促检查口岸检查检验单位,按各自的职责和规定,对出入境人员、交通工具、货物和行李物品进行监督管理以及检查、检验、检疫等工作。	监管、检验、检疫
36	中华人民共和国国际货物运输代理业管理规定	第十七条 国际货物运输代理企业可以接受委托,代为办理下列部分或者全部业务: (一)订舱、仓储; (二)货物的监装、监卸,集装箱拼装拆箱; (三)国际多式联运; (四)国际快递,私人信函除外; (五)报关、报检、报验、保险; (六)缮制有关单证,并付运费,结算、交付杂费; (七)其他国际货物运输代理业务。 国际货物运输代理企业应当在批准的业务经营范围内,从事经营活动。从事前款有关业务,依照有关法律、行政法规的规定,需经有关主管机关注册的,还应当向有关主管机关注册。 国际货物运输代理企业之间也可以相互委托办理本条第一款规定的业务。 第二十四条 国际货物运输代理企业违反本规定第十七条第二款、第二十条、第二十二条规定的,由国务院对外贸易经济合作主管部门予以警告、责令停业整顿直至撤销其批准证书;工商行政管理、海关、税务等有关主管机关并可依照有关法律、行政法规的规定予以处罚。	监管、行政处罚
37	中华人民共和国核出口管制条例(2006年修订)	第十五条 核出口专营单位进行核出口时,应当向海关出具核出口许可证,依照海关法的规定办理海关手续,并接受海关监管。 第十六条 海关可对出口经营者出口的物项及其技术是否需要办理核出口证件提出质疑,并可要求其向商务部申请办理是否属于核出口管制范围的证明文件;属于核出口管理范围的,应该依据本条例的规定申请取得核出口许可证。	监管(通关)、行政处罚、调整《管制清单》

续表16

序号	法规名称	法条原文	海关职责
37	中华人民共和国核出口管制条例（2006年修订）	**第十八条** 违反本条例规定，出口核材料、核设备、反应堆用非核材料的，依照海关法的规定处罚。 违反本条例的规定，出口《管制清单》所列有关技术的，由商务部给予警告，处违法经营额1倍以上5倍以下罚款；违法经营额不足5万元的，处5万元以上25万元以下罚款；有违法所得的，没收违法所得；构成犯罪的，依法追究刑事责任。 **第二十一条** 国家原子能机构会同国防科学技术工业委员会、商务部、外交部、海关总署等部门根据实际情况，对《管制清单》进行调整，并予以公布。 **第二十三条** 《管制清单》所列物项及其相关技术从保税仓库、保税区、出口加工区等海关特殊监管区域、保税场所出口，适用本条例的规定。 《管制清单》所列物项及其相关技术的过境、转运、通运，参照本条例的规定执行。	监管（通关）、行政处罚、调整《管制清单》
38	中华人民共和国核两用品及相关技术出口管制条例（2007年修订）	**第十五条** 核两用品及相关技术出口时，出口经营者应当向海关出具出口许可证件，依照海关法的规定办理海关手续，并接受海关监管。 **第十六条** 海关可以对出口经营者出口的设备、材料、软件和相关技术是否需要办理核两用品及相关技术出口许可证件提出质疑，并可以要求其向商务部申请办理是否属于核两用品及相关技术出口管制范围的证明文件；属于核两用品及相关技术出口管制范围的，出口经营者应当依照本条例的规定申请取得核两用品及相关技术出口许可证件。具体办法由海关总署会同商务部制定。 **第二十二条** 商务部或者商务部会同有关部门可以对涉嫌违反本条例规定的行为进行调查、制止。必要时，商务部可以将拟出境的设备、材料、软件和相关技术的有关情况通报海关，对其中属于海关监管货物的，海关可以查验和扣留。对海关监管区域外不属于海关监管货物的，商务部可以查封或者扣留。有关单位和个人应当予以配合、协助。 **第二十三条** 违反本条例的规定，出口核两用品的，依照海关法的规定处罚。 违反本条例的规定，出口核两用品相关技术的，由商务部给予警告，处违法经营额1倍以上5倍以下的罚款；违法经营额不足5万元的，处5万元以上25万元以下的罚款；有违法所得的，没收违法所得；构成犯罪的，依法追究刑事责任。 **第二十八条** 核两用品及相关技术从保税区、出口加工区等海关特殊监管区域和出口监管仓库、保税物流中心等保税监管场所出口，适用本条例的规定。 核两用品及相关技术的过境、转运、通运，参照本条例的规定执行。	监管（查验）、扣留、联系配合、移交

续表17

序号	法规名称	法条原文	海关职责
39	中华人民共和国导弹及相关物项和技术出口管制条例	第十二条　导弹相关物项和技术出口申请经审查许可的，由国务院外经贸主管部门颁发导弹相关物项和技术出口许可证件（以下简称出口许可证件），并书面通知海关。 第十四条　导弹相关物项和技术出口时，出口经营者应当向海关出具出口许可证件，依照海关法的规定办理海关手续，并接受海关监管。 第十五条　接受方违反其依照本条例第六条规定作出的保证，或者出现《管制清单》所列的可被用于运载大规模杀伤性武器的导弹及其他运载系统扩散的危险时，国务院外经贸主管部门应当对已经颁发的出口许可证件予以中止或者撤销，并书面通知海关。 第十八条　未经许可擅自出口导弹相关物项和技术的，或者擅自超出许可的范围出口导弹相关物项和技术的，依照刑法关于走私罪、非法经营罪、泄露国家秘密罪或者其他罪的规定，依法追究刑事责任；尚不够刑事处罚的，区别不同情况，依照海关法的有关规定处罚，或者由国务院外经贸主管部门给予警告，没收违法所得，处违法所得1倍以上5倍以下的罚款；国务院外经贸主管部门并可以暂停直至撤销其对外贸易经营许可。 第十九条　伪造、变造或者买卖导弹相关物项和技术出口许可证件的，依照刑法关于非法经营罪或者伪造、变造、买卖国家机关公文、证件、印章罪的规定，依法追究刑事责任；尚不够刑事处罚的，依照海关法的有关规定处罚；国务院外经贸主管部门并可以撤销其对外贸易经营许可。	监管、行政处罚、联系配合
40	中华人民共和国生物两用品及相关设备和技术出口管制条例	第十二条　生物两用品及相关设备和技术出口申请经审查许可的，由国务院外经贸主管部门向申请人颁发生物两用品及相关设备和技术出口许可证件（以下简称出口许可证件），并书面通知海关。 第十四条　生物两用品及相关设备和技术出口时，出口单位或者个人应当向海关出具出口许可证件，依照海关法的规定办理海关手续，并接受海关监管。 第十五条　接受方违反其依照本条例第七条规定作出的保证，或者出现《管制清单》所列的可用于生物武器目的的生物两用品及相关设备和技术扩散的危险时，国务院外经贸主管部门应当对已经颁发的出口许可证件予以中止或者撤销，并书面通知海关。 第十八条　未经许可擅自出口生物两用品及相关设备和技术的，或者擅自超出许可的范围出口生物两用品及相关设备和技术的，依照刑法关于走私罪、非法经营罪、泄露国家秘密罪或者其他罪的规定，依法追究刑事责任；尚不够刑事处罚的，区别不同情况，依照海关法的有关规定处罚，或者由国务院外经贸主管部门给予警告，没收违法所得，处5万元以上25万元以下的罚款；国务院外经贸主管部门并可以暂停直至撤销其对外贸易经营许可。	监管、行政处罚

续表18

序号	法规名称	法条原文	海关职责
40	中华人民共和国生物两用品及相关设备和技术出口管制条例	**第十九条** 伪造、变造或者买卖生物两用品及相关设备和技术出口许可证件的，依照刑法关于非法经营罪或者伪造、变造、买卖国家机关公文、证件、印章罪的规定依法追究刑事责任；尚不够刑事处罚的，依照海关法的有关规定处罚；国务院外经贸主管部门并可以撤销其对外贸易经营许可。	监管、行政处罚
41	对外承包工程管理条例（2017年修订）	**第二十五条** 对外承包工程涉及的货物进出口、技术出口、人员出入境、海关以及税收、外汇等事项，依照有关法律、行政法规和国家有关规定办理。	监管
42	中华人民共和国进口计量器具监督管理办法（2016年修订）	**第六条** 国务院计量行政部门接受申请后，负责安排授权的技术机构进行定型鉴定，并通知外商或其代理人向承担定型鉴定的技术机构提供样机和以下技术资料： （一）计量器具的技术说明书； （二）计量器具的总装图、结构图和电路图； （三）技术标准文件和检验方法； （四）样机测试报告； （五）使用说明书。 定型鉴定所需的样机由外商或其代理人无偿提供。海关凭国务院计量行政部门的保函验放并免收关税。样机经鉴定后退还申请人。 **第十二条** 申请进口计量器具，按国家关于进口商品的规定程序进行审批 负责审批的有关主管部门和归口审查部门，应对申请进口《中华人民共和国依法管理的计量器具目录》内的计量器具进行法定计量单位的审查，对申请进口本办法第四条规定的计量器具审查是否经过型式批准。经审查不合规定的，审批部门不得批准进口，外贸经营单位不得办理订货手续。 海关对进口计量器具凭审批部门的批件验放。	监管、征税
43	中华人民共和国工业产品生产许可证管理条例（2023年修订）	**第四条** 在中华人民共和国境内生产、销售或者在经营活动中使用列入目录产品的，应当遵守本条例。 列入目录产品的进出口管理依照法律、行政法规和国家有关规定执行。	监管
44	野生药材资源保护管理条例	**第十三条** 一级保护野生药材物种属于自然淘汰的，其药用部分由各级药材公司负责经营管理，但不得出口。 **第十五条** 二、三级保护野生药材物种的药用部分，除国家另有规定外，实行限量出口。 实行限量出口和出口许可证制度的品种，由国家医药管理部门会同国务院有关部门确定。	监管

续表19

序号	法规名称	法条原文	海关职责
45	放射性药品管理办法（2022年修订）	**第十六条** 进口的放射性药品品种，必须符合我国的药品标准或者其他药用要求，并依照《药品管理法》的规定取得进口药品注册证书。 进出口放射性药品，应当按照国家有关对外贸易、放射性同位素安全和防护的规定，办理进出口手续。 **第十七条** 进口放射性药品，必须经国务院药品监督管理部门指定的药品检验机构抽样检验；检验合格的，方准进口。 对于经国务院药品监督管理部门审核批准的含有短半衰期放射性核素的药品，在保证安全使用的情况下，可以采取边进口检验、边投入使用的办法。进口检验单位发现药品质量不符合要求时，应当立即通知使用单位停止使用，并报告国务院药品监督管理、卫生行政、国防科技工业主管部门。	监管、检验
46	医疗器械监督管理条例（2021年修订）	**第三条** 国务院药品监督管理部门负责全国医疗器械监督管理工作。 国务院有关部门在各自的职责范围内负责与医疗器械有关的监督管理工作。 **第五十七条** 进口的医疗器械应当是依照本条例第二章的规定已注册或者已备案的医疗器械。 进口的医疗器械应当有中文说明书、中文标签。说明书、标签应当符合本条例规定以及相关强制性标准的要求，并在说明书中载明医疗器械的原产地以及境外医疗器械注册人、备案人指定的我国境内企业法人的名称、地址、联系方式。没有中文说明书、中文标签或者说明书、标签不符合本条规定的，不得进口。 医疗机构因临床急需进口少量第二类、第三类医疗器械的，经国务院药品监督管理部门或者国务院授权的省、自治区、直辖市人民政府批准，可以进口。进口的医疗器械应当在指定医疗机构内用于特定医疗目的。 禁止进口过期、失效、淘汰等已使用过的医疗器械。 **第五十八条** 出入境检验检疫机构依法对进口的医疗器械实施检验；检验不合格的，不得进口。 国务院药品监督管理部门应当及时向国家出入境检验检疫部门通报进口医疗器械的注册和备案情况。进口口岸所在地出入境检验检疫机构应当及时向所在地设区的市级人民政府负责药品监督管理的部门通报进口医疗器械的通关情况。 **第五十九条** 出口医疗器械的企业应当保证其出口的医疗器械符合进口国（地区）的要求。 **第九十一条** 违反进出口商品检验相关法律、行政法规进口医疗器械的，由出入境检验检疫机构依法处理。	监管、检验、行政处罚

续表20

序号	法规名称	法条原文	海关职责
47	中华人民共和国药品管理法实施条例（2019年修订）	**第三十七条** 进口药品到岸后，进口单位应当持《进口药品注册证》或者《医药产品注册证》以及产地证明原件、购货合同副本、装箱单、运单、货运发票、出厂检验报告书、说明书等材料，向口岸所在地药品监督管理部门备案。口岸所在地药品监督管理部门经审查，提交的材料符合要求的，发给《进口药品通关单》。进口单位凭《进口药品通关单》向海关办理报关验放手续。 口岸所在地药品监督管理部门应当通知药品检验机构对进口药品逐批进行抽查检验；但是，有《药品管理法》第四十一条规定情形的除外。 **第三十八条** 疫苗类制品、血液制品、用于血源筛查的体外诊断试剂以及国务院药品监督管理部门规定的其他生物制品在销售前或者进口时，应当按照国务院药品监督管理部门的规定进行检验或者审核批准；检验不合格或者未获批准的，不得销售或者进口。	监管、检验
48	麻醉药品和精神药品管理条例（2016年修订）	**第二条** 麻醉药品药用原植物的种植，麻醉药品和精神药品的实验研究、生产、经营、使用、储存、运输等活动以及监督管理，适用本条例。 麻醉药品和精神药品的进出口依照有关法律的规定办理。 **第四十四条** 因治疗疾病需要，个人凭医疗机构出具的医疗诊断书、本人身份证明，可以携带单张处方最大用量以内的麻醉药品和第一类精神药品；携带麻醉药品和第一类精神药品出入境的，由海关根据自用、合理的原则放行。医务人员为了医疗需要携带少量麻醉药品和精神药品出入境的，应当持有省级以上人民政府药品监督管理部门发放的携带麻醉药品和精神药品证明。海关凭携带麻醉药品和精神药品证明放行。	监管
49	国务院关于鼓励台湾同胞投资的规定	**第十一条** 台胞投资企业在其投资总额内进口本企业所需的机器设备、生产用车辆和办公设备，以及台胞个人在企业工作期间运进自用的、合理数量的生活用品和交通工具，免缴进口关税、工商统一税，免领进口许可证。 台胞投资企业进口用于生产出口产品的原材料、燃料、散件、零部件、元器件、配套件，免缴进口关税、工商统一税，免领进口许可证，由海关实行监管。上述进口料件，如用于在大陆销售的产品，应当按照国家规定补办进口手续，并照章补税。 台胞投资企业生产的出口产品，除国家限制出口的外，免缴出口关税和工商统一税。	征税
50	国务院关于鼓励华侨和香港澳门同胞投资的规定	**第十一条** 华侨、港澳同胞投资企业在其投资总额内进口本企业所需的机器设备、生产用车辆和办公设备，以及华侨、港澳同胞个人在企业工作期间运进自用的、合理数量的生活用品和交通工具，免缴进口关税、工商统一税，免领进口许可证。	征税

续表21

序号	法规名称	法条原文	海关职责
50	国务院关于鼓励华侨和香港澳门同胞投资的规定	华侨、港澳同胞投资企业进口用于生产出口产品的原材料、燃料、散件、零部件、元器件、配套件，免缴进口关税、工商统一税，免领进口许可证，由海关实行监管。上述进口料件，如用于在境内销售的产品，应当按照国家规定补办进口手续，并照章补税。 华侨、港澳同胞投资企业生产的出口产品，除国家限制出口的外，免缴出口关税和工商统一税。	征税
51	国务院关于鼓励投资开发海南岛的规定	**第十五条** 海南岛内的企业进口本企业建设和生产所必需的机器设备、原材料、零配件、交通运输工具和其他物料，以及办公用品，均免征关税、产品税或增值税。海南岛内的企业进口供岛内市场销售的货物，减半征收关税、产品税或增值税。 **第十六条** 国家鼓励海南岛内的企业生产的产品出口。对企业生产的出口产品免征出口关税，除原油、成品油和国家另有规定的少数产品外，退还已征的产品税或增值税。 **第十七条** 海南岛内的企业生产的产品在岛内市场销售的，除矿物油、烟、酒和海南省人民政府规定的其他少数产品减半征收产品税或增值税外，其余免征产品税或增值税。含有进口料件的，按照第十五条的规定，免征或者补征进口料件的关税、产品税或增值税。 企业生产的产品销往境内其他地区，除国家限制进口的产品需按国家有关规定审批外，其余产品均可自主销售，但应照章征收产品税或增值税；含有进口料件的照章补征进口料件的关税、产品税或增值税。 海南岛内的外商投资企业的产品内销，符合国家以产顶进办法规定的，可以申请以产顶进。	征税
52	中华人民共和国反倾销条例（2004年修订）	**第二十九条** 征收临时反倾销税，由商务部提出建议，国务院关税税则委员会根据商务部的建议作出决定，由商务部予以公告。要求提供保证金、保函或者其他形式的担保，由商务部作出决定并予以公告。海关自公告规定实施之日起执行。 **第三十八条** 征收反倾销税，由商务部提出建议，国务院关税税则委员会根据商务部的建议作出决定，由商务部予以公告。海关自公告规定实施之日起执行。 **第四十六条** 倾销进口产品的进口经营者有证据证明已经缴纳的反倾销税额超过倾销幅度的，可以向商务部提出退税申请；商务部经审查、核实并提出建议，国务院关税税则委员会根据商务部的建议可以作出退税决定，由海关执行。	征税
53	中华人民共和国反补贴条例（2004年修订）	**第三十条** 采取临时反补贴措施，由商务部提出建议，国务院关税税则委员会根据商务部的建议作出决定，由商务部予以公告。海关自公告规定实施之日起执行。 **第三十九条** 征收反补贴税，由商务部提出建议，国务院关税税则委员会根据商务部的建议作出决定，由商务部予以公告。海关自公告规定实施之日起执行。	征税、联系配合

续表22

序号	法规名称	法条原文	海关职责
54	中华人民共和国保障措施条例（2004年修订）	**第十七条** 采取临时保障措施，由商务部提出建议，国务院关税税则委员会根据商务部的建议作出决定，由商务部予以公告。海关自公告规定实施之日起执行。在采取临时保障措施前，商务部应当将有关情况通知保障措施委员会。 **第二十条** 保障措施采取提高关税形式的，由商务部提出建议，国务院关税税则委员会根据商务部的建议作出决定，由商务部予以公告；采取数量限制形式的，由商务部作出决定并予以公告。海关自公告规定实施之日起执行。商务部应当将采取保障措施的决定及有关情况及时通知保障措施委员会。	征税、联系配合
55	中华人民共和国对外合作开采陆上石油资源条例（2013年修订）	**第十二条** 为执行合同所进口的设备和材料，按照国家有关规定给予减税、免税或者给予税收方面的其他优惠。具体办法由财政部会同海关总署制定。	征税
56	奥林匹克标志保护条例（2018年修订）	**第十四条** 进出口货物涉嫌侵犯奥林匹克标志专有权的，由海关参照《中华人民共和国海关法》和《中华人民共和国知识产权海关保护条例》规定的权限和程序查处。	知识产权保护
57	世界博览会标志保护条例	**第十二条** 侵犯世界博览会标志专有权的货物禁止进出口。世界博览会标志专有权海关保护的程序适用《中华人民共和国知识产权海关保护条例》的规定。	知识产权保护
58	农药管理条例（2022年修订）	**第二十九条** 境外企业不得直接在中国销售农药。境外企业在中国销售农药的，应当依法在中国设立销售机构或者委托符合条件的中国代理机构销售。 向中国出口的农药应当附具中文标签、说明书，符合产品质量标准，并经出入境检验检疫部门依法检验合格。禁止进口未取得农药登记证的农药。 办理农药进出口海关申报手续，应当按照海关总署的规定出示相关证明文件。	检验检疫
59	饲料和饲料添加剂管理条例（2017年修订）	**第二十四条** 向中国出口的饲料、饲料添加剂应当包装，包装应当符合中国有关安全、卫生的规定，并附具符合本条例第二十一条规定的标签。 向中国出口的饲料、饲料添加剂应当符合中国有关检验检疫的要求，由出入境检验检疫机构依法实施检验检疫，并对其包装和标签进行核查。包装和标签不符合要求的，不得入境。 境外企业不得直接在中国销售饲料、饲料添加剂。境外企业在中国销售饲料、饲料添加剂的，应当依法在中国境内设立销售机构或者委托符合条件的中国境内代理机构销售。	检验检疫

续表23

序号	法规名称	法条原文	海关职责
60	农业转基因生物安全管理条例（2017年修订）	**第三十三条** 从中华人民共和国境外引进农业转基因生物的，或者向中华人民共和国出口农业转基因生物的，引进单位或者境外公司应当凭国务院农业行政主管部门颁发的农业转基因生物安全证书和相关批准文件，向口岸出入境检验检疫机构报检；经检疫合格后，方可向海关申请办理有关手续。 **第三十六条** 向中华人民共和国境外出口农产品，外方要求提供非转基因农产品证明的，由口岸出入境检验检疫机构根据国务院农业行政主管部门发布的转基因农产品信息，进行检测并出具非转基因农产品证明。 **第四十九条** 违反本条例规定，进口、携带、邮寄农业转基因生物未向口岸出入境检验检疫机构报检的，由口岸出入境检验检疫机构比照进出境动植物检疫法的有关规定处罚。	检验检疫
61	重大动物疫情应急条例（2017年修订）	**第五条** 出入境检验检疫机关应当及时收集境外重大动物疫情信息，加强进出境动物及其产品的检验检疫工作，防止动物疫病传入和传出。兽医主管部门要及时向出入境检验检疫机关通报国内重大动物疫情。	检验检疫
62	突发公共卫生事件应急条例（2011年修订）	**第三十八条第三款** 涉及国境口岸和入出境的人员、交通工具、货物、集装箱、行李、邮包等需要采取传染病应急控制措施的，依照国境卫生检疫法律、行政法规的规定办理。	检疫（卫生）
63	病原微生物实验室生物安全管理条例（2018年修订）	**第十一条第三款** 出入境检验检疫机构在检验检疫过程中需要运输病原微生物样本的，由国务院出入境检验检疫部门批准，并同时向国务院卫生主管部门或者兽医主管部门通报。 **第二十三条第一款** 出入境检验检疫机构、医疗卫生机构、动物防疫机构在实验室开展检测、诊断工作时，发现高致病性病原微生物或者疑似高致病性病原微生物，需要进一步从事这类高致病性病原微生物相关实验活动的，应当依照本条例的规定经批准同意，并在具备相应条件的实验室中进行。 **第二十四条第二款** 对出入境检验检疫机构为了检验检疫工作的紧急需要，申请在实验室对高致病性病原微生物或者疑似高致病性病原微生物开展进一步实验活动的，省级以上人民政府卫生主管部门或者兽医主管部门应当自收到申请之时起2小时内作出是否批准的决定；2小时内未作出决定的，实验室可以从事相应的实验活动。	检验检疫、通报、联系配合
64	艾滋病防治条例（2019年修订）	**第十六条** 出入境检验检疫机构应当在出入境口岸加强艾滋病防治的宣传教育工作，对出入境人员有针对性地提供艾滋病防治咨询和指导。	宣传教育、检验、消毒、监督销毁、行政处罚、移交

续表24

序号	法规名称	法条原文	海关职责
64	艾滋病防治条例（2019年修订）	**第四十条** 县级以上人民政府卫生主管部门和出入境检验检疫机构可以封存有证据证明可能被艾滋病病毒污染的物品，并予以检验或者进行消毒。经检验，属于被艾滋病病毒污染的物品，应当进行卫生处理或者予以销毁；对未被艾滋病病毒污染的物品或者经消毒后可以使用的物品，应当及时解除封存。 **第五十三条** 县级以上人民政府卫生主管部门违反本条例规定，有下列情形之一的，由本级人民政府或者上级人民政府卫生主管部门责令改正，通报批评；造成艾滋病传播、流行或者其他严重后果的，对负有责任的主管人员和其他直接责任人员依法给予行政处分；构成犯罪的，依法追究刑事责任： （一）未履行艾滋病防治宣传教育职责的； （二）对有证据证明可能被艾滋病病毒污染的物品，未采取控制措施的； （三）其他有关失职、渎职行为。 出入境检验检疫机构有前款规定情形的，由其上级主管部门依照本条规定予以处罚。 **第五十五条** 医疗卫生机构未依照本条例规定履行职责，有下列情形之一的，由县级以上人民政府卫生主管部门责令限期改正，通报批评，给予警告；造成艾滋病传播、流行或者其他严重后果的，对负有责任的主管人员和其他直接责任人员依法给予降级、撤职、开除的处分，并可以依法吊销有关机构或者责任人员的执业许可证件；构成犯罪的，依法追究刑事责任： （一）未履行艾滋病监测职责的； （二）未按照规定免费提供咨询和初筛检测的； （三）对临时应急采集的血液未进行艾滋病检测，对临床用血艾滋病检测结果未进行核查，或者将艾滋病检测阳性的血液用于临床的； （四）未遵守标准防护原则，或者未执行操作规程和消毒管理制度，发生艾滋病医院感染或者医源性感染的； （五）未采取有效的卫生防护措施和医疗保健措施的； （六）推诿、拒绝治疗艾滋病病毒感染者或者艾滋病病人的其他疾病，或者对艾滋病病毒感染者、艾滋病病人未提供咨询、诊断和治疗服务的； （七）未对艾滋病病毒感染者或者艾滋病病人进行医学随访的； （八）未按照规定对感染艾滋病病毒的孕产妇及其婴儿提供预防艾滋病母婴传播技术指导的。 出入境检验检疫机构有前款第（一）项、第（四）项、第（五）项规定情形的，由其上级主管部门依照前款规定予以处罚。	宣传教育、检验、消毒、监督销毁、行政处罚、移交

续表25

序号	法规名称	法条原文	海关职责
64	艾滋病防治条例（2019年修订）	**第五十六条第二款** 出入境检验检疫机构、计划生育技术服务机构或者其他单位、个人违反本条例第三十九条第二款规定，公开艾滋病病毒感染者、艾滋病病人或者其家属的信息的，由其上级主管部门责令改正，通报批评，给予警告，对负有责任的主管人员和其他直接责任人员依法给予处分；情节严重的，由原发证部门吊销有关机构或者责任人员的执业许可证件。 **第五十九条** 对不符合本条例第三十七条第二款规定进出口的人体血液、血浆、组织、器官、细胞、骨髓等，进出口口岸出入境检验检疫机构应当禁止其入境或者监督销毁。提供、使用未经出入境检验检疫机构检疫的进口人体血液、血浆、组织、器官、细胞、骨髓等的，由县级以上人民政府卫生主管部门没收违法物品以及违法所得，并处违法物品货值金额3倍以上5倍以下的罚款；对负有责任的主管人员和其他直接责任人员由其所在单位或者上级主管部门依法给予处分。 未经国务院药品监督管理部门批准，进口血液制品的，依照药品管理法的规定予以处罚。	宣传教育、检验、消毒、监督销毁、行政处罚、移交
65	化妆品监督管理条例	**第四十五条** 出入境检验检疫机构依照《中华人民共和国进出口商品检验法》的规定对进口的化妆品实施检验；检验不合格的，不得进口。 进口商应当对拟进口的化妆品是否已经注册或者备案以及是否符合本条例和强制性国家标准、技术规范进行审核；审核不合格的，不得进口。进口商应当如实记录进口化妆品的信息，记录保存期限应当符合本条例第三十一条第一款的规定。 出口的化妆品应当符合进口国（地区）的标准或者合同要求。 **第六十二条第二款** 进口商未依照本条例规定记录、保存进口化妆品信息的，由出入境检验检疫机构依照前款规定给予处罚。	检验
66	危险化学品安全管理条例（2013年修订）	**第六条第三项** 质量监督检验检疫部门负责核发危险化学品及其包装物、容器（不包括储存危险化学品的固定式大型储罐，下同）生产企业的工业产品生产许可证，并依法对其产品质量实施监督，负责对进出口危险化学品及其包装实施检验。 **第九十八条第一款** 危险化学品的进出口管理，依照有关对外贸易的法律、行政法规、规章的规定执行；进口的危险化学品的储存、使用、经营、运输的安全管理，依照本条例的规定执行。	检验、监管
67	烟花爆竹安全管理条例（2016年修订）	**第四条** 安全生产监督管理部门负责烟花爆竹的安全生产监督管理；公安部门负责烟花爆竹的公共安全管理；质量监督检验部门负责烟花爆竹的质量监督和进出口检验。	检验

续表26

序号	法规名称	法条原文	海关职责
67	烟花爆竹安全管理条例（2016年修订）	**第五条** 公安部门、安全生产监督管理部门、质量监督检验部门、工商行政管理部门应当按照职责分工，组织查处非法生产、经营、储存、运输、邮寄烟花爆竹以及非法燃放烟花爆竹的行为。	检验
68	植物检疫条例（2017年修订）	**第十二条** 从国外引进种子、苗木，引进单位应当向所在地的省、自治区、直辖市植物检疫机构提出申请，办理检疫审批手续。但是，国务院有关部门所属的在京单位从国外引进种子、苗木，应当向国务院农业主管部门、林业主管部门所属的植物检疫机构提出申请，办理检疫审批手续。具体办法由国务院农业主管部门、林业主管部门制定。 从国外引进、可能潜伏有危险性病、虫的种子、苗木和其他繁殖材料，必须隔离试种，植物检疫机构应进行调查、观察和检疫，证明确实不带危险性病、虫的，方可分散种植。 **第十八条** 有下列行为之一的，植物检疫机构应当责令纠正，可以处以罚款；造成损失的，应当负责赔偿；构成犯罪的，由司法机关依法追究刑事责任： （一）未依照本条例规定办理植物检疫证书或者在报检过程中弄虚作假的； （二）伪造、涂改、买卖、转让植物检疫单证、印章、标志、封识的； （三）未依照本条例规定调运、隔离试种或者生产应施检疫的植物、植物产品的； （四）违反本条例规定，擅自开拆植物、植物产品包装，调换植物、植物产品，或者擅自改变植物、植物产品的规定用途的； （五）违反本条例规定，引起疫情扩散的。 有前款第（一）、（二）、（三）、（四）项所列情形之一，尚不构成犯罪的，植物检疫机构可以没收非法所得。 对违反本条例规定调运的植物和植物产品，植物检疫机构有权予以封存、没收、销毁或者责令改变用途。销毁所需费用由责任人承担。	检疫、封存、没收、销毁或者责令改变用途、行政处罚
69	实验动物管理条例（2017年修订）	**第二十二条** 从国外进口作为原种的实验动物，应附有饲育单位负责人签发的品系和亚系名称以及遗传和微生物状况等资料。 无上述资料的实验动物不得进口和应用。 **第二十三条** 出口应用国家重点保护的野生动物物种开发的实验动物，必须按照国家的有关规定，取得出口许可证后，方可办理出口手续。 **第二十四条** 进口、出口实验动物的检疫工作，按照《中华人民共和国进出境动植物检疫法》的规定办理。	检疫

续表27

序号	法规名称	法条原文	海关职责
70	中华人民共和国认证认可条例（2023年修订）	**第三十条** 列入目录的产品，涉及进出口商品检验目录的，应当在进出口商品检验时简化检验手续。	检验
71	缺陷汽车产品召回管理条例（2019年修订）	**第六条** 任何单位和个人有权向产品质量监督部门投诉汽车产品可能存在的缺陷，国务院产品质量监督部门应当以便于公众知晓的方式向社会公布受理投诉的电话、电子邮箱和通信地址。 国务院产品质量监督部门应当建立缺陷汽车产品召回信息管理系统，收集汇总、分析处理有关缺陷汽车产品信息。 产品质量监督部门、汽车产品主管部门、商务主管部门、海关、公安机关交通管理部门、交通运输主管部门等有关部门应当建立汽车产品的生产、销售、进口、登记检验、维修、消费者投诉、召回等信息的共享机制。	受理投诉、检验、监管
72	国务院关于加强食品等产品安全监督管理的特别规定	**第七条** 出口产品的生产经营者应当保证其出口产品符合进口国（地区）的标准或者合同要求。法律规定产品必须经过检验方可出口的，应当经符合法律规定的机构检验合格。 出口产品检验人员应当依照法律、行政法规规定和有关标准、程序、方法进行检验，对其出具的检验证单等负责 出入境检验检疫机构和商务、药品等监督管理部门应当建立出口产品的生产经营者良好记录和不良记录，并予以公布。对有良好记录的出口产品的生产经营者，简化检验检疫手续。 出口产品的生产经营者逃避产品检验或者弄虚作假的，由出入境检验检疫机构和药品监督管理部门依据各自职责，没收违法所得和产品，并处货值金额3倍的罚款；构成犯罪的，依法追究刑事责任。 **第八条** 进口产品应当符合我国国家技术规范的强制性要求以及我国与出口国（地区）签订的协议规定的检验要求。 质检、药品监督管理部门依据生产经营者的诚信度和质量管理水平以及进口产品风险评估的结果，对进口产品实施分类管理，并对进口产品的收货人实施备案管理。 进口产品的收货人应当如实记录进口产品流向。记录保存期限不得少于2年。 质检、药品监督管理部门发现不符合法定要求产品时，可以将不符合法定要求产品的进货人、报检人、代理人列入不良记录名单。进口产品的进货人、销售者弄虚作假的，由质检、药品监督管理部门依据各自职责，没收违法所得和产品，并处货值金额3倍的罚款；构成犯罪的，依法追究刑事责任。进口产品的报检人、代理人弄虚作假的，取消报检资格，并处货值金额等值的罚款。	检验检疫、通报、联系配合、行政处罚

续表28

序号	法规名称	法条原文	海关职责
73	乳品质量安全监督管理条例	**第四十四条** 进口的乳品应当按照乳品质量安全国家标准进行检验；尚未制定乳品质量安全国家标准的，可以参照国家有关部门指定的国外有关标准进行检验。 **第四十五条** 出口乳品的生产者、销售者应当保证其出口乳品符合乳品质量安全国家标准的同时还符合进口国家（地区）的标准或者合同要求。	检验
74	放射性废物安全管理条例	**第三十四条** 禁止将放射性废物和被放射性污染的物品输入中华人民共和国境内或者经中华人民共和国境内转移。具体办法由国务院环境保护主管部门会同国务院商务主管部门、海关总署、国家出入境检验检疫主管部门制定。 **第四十三条** 违反本条例规定，向中华人民共和国境内输入放射性废物或者被放射性污染的物品，或者经中华人民共和国境内转移放射性废物或者被放射性污染的物品的，由海关责令退运该放射性废物或者被放射性污染的物品，并处50万元以上100万元以下的罚款；构成犯罪的，依法追究刑事责任。	监管、责令退运、行政处罚
75	罚款决定与罚款收缴分离实施办法	**第五条** 经中国人民银行批准有代理收付款项业务的商业银行、信用合作社（以下简称代收机构），可以开办代收罚款的业务。 具体代收机构由县级以上地方人民政府组织本级财政部门、中国人民银行当地分支机构和依法具有行政处罚权的行政机关共同研究，统一确定。海关、外汇管理等实行垂直领导的依法具有行政处罚权的行政机关作出罚款决定的，具体代收机构由财政部、中国人民银行会同国务院有关部门确定。依法具有行政处罚权的国务院有关部门作出罚款决定的，具体代收机构由财政部、中国人民银行确定。 代收机构应当具备足够的代收网点，以方便当事人缴纳罚款。	行政处罚
76	商用密码管理条例（2023年修订）	**第三条** 坚持中国共产党对商用密码工作的领导，贯彻落实总体国家安全观。国家密码管理部门负责管理全国的商用密码工作。县级以上地方各级密码管理部门负责管理本行政区域的商用密码工作。 网信、商务、海关、市场监督管理等有关部门在各自职责范围内负责商用密码有关管理工作。 **第三十一条** 涉及国家安全、社会公共利益且具有加密保护功能的商用密码，列入商用密码进口许可清单，实施进口许可。涉及国家安全、社会公共利益或者中国承担国际义务的商用密码，列入商用密码出口管制清单，实施出口管制。 商用密码进口许可清单和商用密码出口管制清单由国务院商务主管部门会同国家密码管理部门和海关总署制定并公布。	监管、联系配合、行政处罚

续表29

序号	法规名称	法条原文	海关职责
76	商用密码管理条例（2023年修订）	大众消费类产品所采用的商用密码不实行进口许可和出口管制制度。 **第三十二条** 进口商用密码进口许可清单中的商用密码或者出口商用密码出口管制清单中的商用密码，应当向国务院商务主管部门申请领取进出口许可证。 商用密码的过境、转运、通运、再出口，在境外与综合保税区等海关特殊监管区域之间进出，或者在境外与出口监管仓库、保税物流中心等保税监管场所之间进出的，适用前款规定。 **第三十三条** 进口商用密码进口许可清单中的商用密码或者出口商用密码出口管制清单中的商用密码时，应当向海关交验进出口许可证，并按照国家有关规定办理报关手续。 进出口经营者未向海关交验进出口许可证，海关有证据表明进出口产品可能属于商用密码进口许可清单或者出口管制清单范围的，应当向进出口经营者提出质疑；海关可以向国务院商务主管部门提出组织鉴别，并根据国务院商务主管部门会同国家密码管理部门作出的鉴别结论依法处置。在鉴别或者质疑期间，海关对进出口产品不予放行。 **第五十八条** 违反本条例规定进出口商用密码的，由国务院商务主管部门或者海关依法予以处罚。	监管、联系配合、行政处罚
77	中华人民共和国出境入境边防检查条例	**第十二条** 上下外国船舶的人员，必须向边防检查人员交验出境、入境证件或者其他规定的证件，经许可后，方可上船、下船。口岸检查、检验单位的人员需要登船执行公务的，应当着制服并出示证件。	联系配合
78	对外经济贸易部特派员办事处暂行条例	三、特派员的权利 （一）对进出口企业违反进出口商品经营分工和协调方案的业务活动有权干预和制止； （二）对于违反政策或国家有关法令、规章制度的交易，特派员有权制止，有权拒发许可证； （三）各专业总公司的进出口商品协调小组应向特派员提供业务资料（包括协调方案、会议纪要、简报、统计资料和报告等），以便特派员对协调工作进行检查、监督和裁决； （四）当地省、市和有关内地省、市、自治区对外经济贸易行政部门关于管理工作的报告，应抄送特派员。特派员为了工作的需要，有权请当地和有关省、市、自治区对外经济贸易行政和企业部门提供关于协调和管理的情况和资料； （五）为了履行本条例规定的任务和职责，当地交通运输、港口、银行和海关、商检等有关部门，对特派员的工作要积极配合。	联系配合

参考文献

1. 翟继光,王海阳.中华人民共和国行政处罚法释义与典型案例分析[M].北京:中国民主法制出版社,2021.
2. 袁雪石.中华人民共和国行政处罚法释义[M].北京:中国法制出版社,2021.
3. 莫于川,哈书菊,等.新《行政处罚法》适用办案手册[M].北京:中国法制出版社,2022.
4. 何家弘,王若阳,张方,等.证据调查实用教程[M].北京:中国人民大学出版社,2008.
5. 张树义.最高人民法院《关于行政诉讼证据若干问题的规定》释评[M].北京:中国法制出版社,2002.
6. 戴士剑,刘品新.电子证据调查指南[M].北京:中国检察出版社,2014.
7. 沈义峰,等.出入境检验检疫行政处罚理论研究与实务[M].北京:法律出版社,2015.
8. 国家质检总局法规司.出入境检验检疫行政处罚实务[M].上海:上海教育出版社,2012.
9. 国家质检总局法规司.出入境检验检疫行政复议、行政诉讼实务[M].北京:法律出版社,2016.
10. 吴荣恩.出入境检验检疫行政执法办案指南[M].北京:法律出版社,2010.
11. 国家质量监督检验检疫总局法规司.质检系统行政执法典型案例汇编[M].北京:中国质检出版社(中国标准出版社),2012.
12. 王丽英.海关行政处罚研究[M].上海:复旦大学出版社,2017.
13. 吴展.海关行政处罚实务全解与合规指引[M].北京:法律出版社,2020.
14. 吕友臣.海关行政处罚案件的理论和实践[M].深圳:海天出版社,2017.
15. 晏山嵘.海关行政处罚案例精解[M].北京:知识产权出版社,2016.